Newage

全16

心靈的新時代教導

法地圖

新時代運動結合科學與靈修，突破傳統宗教的藩籬，成為廿一世紀人們心靈的寄託之道，奧修、Deeksha、巴哈花精、歐林、蘇菲旋轉……16種新時代教導，16種治癒身心的魔法，按圖索驥，踏出你對靈性追求的第一步

Leela等——編著

國家圖書館出版品預行編目資料

魔法地圖—16種療癒身心靈的新時代教導/Leela曹惠瑜等著
—初版—台北市：佳赫文化行銷，2009.07
　　面；16.5X21.5公分

ISBN：978-986-85311-3-0 (平裝)
1.靈修 2.新時代運動

192.1　　　　　　　　　　　　　　98010104

魔法地圖—16種療癒身心靈的新時代教導

作　　　者：Leela 曹惠瑜
總 編 輯：許汝紘
主　　編：黃心宜
美術編輯：簡華儀
攝　　影：黃可萱
行銷總監：武雪玲

發　　　行：楊伯江、許麗雪
出　　　版：佳赫文化行銷有限公司
地　　　址：10696台北市大安區忠孝東路四段341號11樓之3
電　　　話：(02) 2740-3939
傳　　　真：(02) 2777-1413
網　　　站：http://www.cultuspeak.com.tw
E-Mail：cultuspeak@cultuspeak.com.tw
郵撥帳號：50040687 信實文化行銷有限公司

印刷：漾格科技股份有限公司
地址：台北市中正區牯嶺街53號1樓　　電話：(02) 2391-5059
總經銷：時報文化出版企業股份有限公司
地址：中和市連城路134巷16號　　電話：(02) 2306-6842

Contents

出版序

新時代的新魔法概念

　　時代越是混亂，心靈越是空虛。

　　幾個世紀以來，人們的生活觀與價值觀都圍繞著金權、金錢、身份地位的張顯，與虛無的外在形象打轉。當錢與權成為顯學，生命觀與靈性成長的內省課題便成了歷史長河中的灰燼。

　　我不禁想問：生命是什麼？生活又是什麼？

　　混亂的世紀裡，有多少人在庸庸碌碌的忙碌生活中，迷失了自己。一九六〇年代開始的新時代浪潮，企圖打破宗教的藩籬，跨越東西方哲學的界線，期待將所有的宗教文化思維一一整合、融會。

　　發展了五十年之後的今天，這股浪潮退卻了嗎？還是經過轉化、蛻變，以不同的風貌，成為新靈性成長的支撐點？當「活在焦慮中」成了現代人的無奈時，心靈的重量該置放在何處，才能踏實的邁向另一個新紀元？這些新樣式的心靈魔法，儼然形成一股影響力無比龐大的心靈療傷風潮，讓許多活在挫折中，心靈受傷、心靈空虛的人們，如抓住水中浮木般，非常的振奮。

　　奧修、花精、禪修、氣功煉丹、能量與光……各式各樣的靈修方法，在短短幾年內如雨後春筍般紛紛出籠。許多人趨之若鶩，甚至不惜一擲千金，為的就是要求得靈性的成長，期待在焦慮的生活中，獲得片刻安慰與寧靜。動輒上百萬元的印度靈修課程，和完全免費的心靈療癒課程，究竟有什麼不同？上師的帶領和自己的潛修，差異又在哪裡？完成課程後回到俗世，就真能超凡入聖，全身洗滌乾淨，成了另一個新的生命光體嗎？如何才能檢視自己靈性的成長速度、增強愛的覺知與光的魔法？

　　生命與生活就像人的左腦與右腦，一個掌控感性、一個掌控理性。如果將感性的能量比喻成生命中的靈性成長，那麼理性的能量便是實實在在的物質生活。唯有感性與理性同步成長，無所偏廢，生命與生活才會到達平衡

點，靈性自然能大幅成長。

追求身心靈成長如果拋掉生活的態度，就顯得虛無飄渺，談愛與光就會相對的沒有說服力。上師的教導，絕對不是要大家拋開身邊應盡的人生義務，隨性、隨機的過生活，而是在靈性成長之際，以淬鍊過的生命觀去實際的生活中，轉化愛的能量，豐足我們的生命，也富足我們的生活。

我願意這麼期待：生活簡單，生命豐富。

《魔法地圖——16種療癒身心靈的新時代教導》是規畫給對身心靈成長有所期待的廣大讀者們。這十六種目前最受歡迎的課程，能夠教導我們些什麼？讀者可以按圖索驥得到基礎概念，再選擇對自己最有效、最有用的課程。帶領課程的老師，都是目前的一時之選，大家不妨根據附錄中的資訊去親炙。我們還邀請風潮音樂的楊錦聰總經理，為讀者挑選學習不同教導時合適的音樂。

無論如何，每一個人走到了生命的某個交叉點，都應該回過頭去審視自己。就如同《論語》〈學而篇〉中，曾子說的：「吾日三省吾身：為人謀而不忠乎？與朋友交而不信乎？傳不習乎？」；〈為政篇〉中孔子也告訴人們，他的人生規劃準則是：「……三十而立，四十而不惑，五十而知天命，六十而耳順，七十而從心所欲，不逾矩。」當我們都能每日，或每十年回過頭去省視自己，並且前瞻將來的時光歲月，該怎麼覺知生命的價值與意義，就顯得有依據而且簡單得多了。

心靈書系的誕生，衍生自環保與生活兩大書系。心靈不平靜，如何關懷我們生活的環境品質？心靈不健康，又如何能享受生活美學的優雅與快樂？期待每一本關於心靈成長與改變的書籍出版時，都能帶給讀者新的思維與體會。當生命陷落，需要支持與幫忙的關鍵時刻，每一個人都可以找到正確的方法，遇見適合自己的心靈導師。

高談文化集團
社長　許汝紘

新時代覺醒思潮

　　台灣是個很神奇的小島，除了地理位置殊勝之外，對宗教的包容性也大，任何世界上奇特的宗教在這裡都可以得到包容。加上現代資訊的取得便利，台灣儼然變成了一個世界宗教的聯合國，各種教派幾乎都可以在台灣看到蹤影與足跡。

　　不但如此，這些林林總總的宗教形態在台灣都可以和平共處，說不定同一個人，可能同時涉獵及學習好幾種宗教教義，卻絲毫不感覺衝突。正因為台灣是如此殊勝而且對宗教友善的國家，許許多多國外的傳教人士，都很喜歡到台灣來傳法。隨著台灣人民在經濟及貿易上的活動力增強，這些宗教也被帶往世界各地的華人地區，然後籍由華人活躍的經濟能力，向全世界迅速地擴展開來。

　　似乎世界各國的傳教徒們也喜歡到台灣來弘法，把台灣列為傳法的一個重要的樞紐地。在台灣，似乎人人都有機會參予一種或二種以上的宗教信仰，傳統儒、道、釋思想的融合，到新時代的各種派別都有人涉獵。人們似乎也分不太清楚宗教的界限到底在那裡，就因為台灣的人們對宗教的選擇機會多，相對的，對宗教的向心力也越來越薄弱。

　　幾十年來，一股來自東、西方的新宗教觀與思想浪潮，跨越宗教與國界的新興意識潮流，以迅雷不及掩耳的速度悄悄地進駐台灣，在知識份子之間瞬間漫延開來，這股夾雜著龐大的思想體系，以各式各樣不同的教導與不同的宗教文化背景的新浪潮，在本書中統稱之為「新時代」。

　　什麼是新時代浪潮？新時代運動英文是「new age movement」，是一種以喚醒人們覺醒意識為主的新興思想潮流，它跨越宗教與國界、種族與個體、人與人之間的藩籬。這股由東方傳至西方，再由西方傳回東方的思想體系，把舊有的宗教思想，經過了新的整合之後，呈現出不同的風貌。

你可以發現喜歡新時代的朋友們，大多是比較能夠接受西洋文化的朋友們，因為這個族群的思想觀念較為新穎、開放，喜歡新鮮事物，不喜歡受到傳統教條與龐雜體系的束縛，也不拘泥於舊有的思想。而新時代中的許多派別都具有開放、自由、獨樹一格的思想架構。

新時代運動思想的核心大致可以分成六大類：

1.新時代提倡靈魂學說：

這些教導大多是以靈魂的成長為出發點，認為我們此生所遭遇的事物，不管是好的或是壞的，都有其正向意義，都是靈魂進入學習的途徑。而筆者在做過一些開啟頂輪的療法之後，以更高的視野回溯個人的生命歷程時發現，所謂的學習，都是為了圓滿靈魂本身而來。

你可能會以為靈魂來到這個地球上，是為了要學習多了不起的經驗，然而以靈魂漫長的學習旅程來說，這些學習可能只是為了要圓滿自身的經驗而已。舉例來說，有的靈魂上輩子曾經是個位高權重的女祭司，因為努力工作而錯失了愛情，在體驗過了位高權重的權力與慾望之後，今生選擇體驗上輩子沒有體驗過的「愛情」。通常只要是來學習什麼是愛情的人，在感情上都不會一次就圓滿成功。這輩子可能會經歷許許多多的愛情，在追求及學習的過程之中，不斷地在錯誤中成長，體驗什麼是真愛，以圓滿靈魂從來沒有達成過的某些部份。

2. 萬物皆是能量的展現：

在很多新時代的學說中，都以「能量」的探索為基礎，發展出龐大的學說系統。尤其是古印度的脈輪（查克拉chakras）學說，更在今天的能量醫學上，發展得淋漓盡致。在古代稱之為「神祕學」或「秘教」的教導，在過去民風不開的時代裡，因過於神秘，許多論述出乎我們頭腦所能理解的範圍之外，以致於心生恐懼與敬畏之心，道學知識甚至斥之為無稽之談，到了科學昌明的現代，經過了科學的佐證之後，我們才發現古人的真智慧，這些真相正慢慢地被揭露出來，而有其存在的價值。

3.新時代倡導萬教歸一：神愛世人不會因宗教或種族而有所改變，所有的宗教本質都是一樣的，最終我們都將與神合而為一。

4.預言人類正面臨意識上的大蛻變：新時代運動認為當今人類，正面臨意識上的重大轉變，人類正面臨進化史上，有史以來最重要的意識提升時刻，所以靈界的上師（無論是神、佛、菩薩）與天使們，都很樂意來協助人們進行蛻變與轉化，幫助我們在意識上提升，以邁入新的、進化後的紀元。

5.新時代倡導自我療癒：新時代運動相信，藉由自己的療癒之路，能為這個國家或社會，帶來更多的愛與光的正面力量。

6.舊有的東方思想移到西方大變身：很多人都認為這些西方學說裡，含有東方舊有的宗教思想影子，如今只不過是換了另一種形式與樣貌再度回到東方罷了。事實上，東方的宗教思維加入了西方的思想與佐證之後，這些學說為人們帶來更多愛與光的感覺，吸引了更多在心靈上無法找到著力點的人們，為人們帶來更符合時代精神的心靈修練選擇。

　　然而，為什麼這股新興思想浪潮會特別吸引知識份子們的認同，經過觀察之後，我得到了以下的結論：

　　第一、新時代運動倡導「不批判」，沒有明顯的宗教色彩，給人較祥和的感覺。它吸引了較年輕與溫合的一群人，也符合了時下年輕人求新求變的精神，更容易被年輕人所接受。

　　第二、傳統宗教倡導「下地獄」的恐怖學說，用「下地獄」的恐嚇方式讓人們不敢做壞事。這樣的用意雖然很好，但畢竟任誰也不喜歡在心理上受到恐嚇。

　　而新時代的學說剛好相反，新時代倡導「愛就是實相」，「恐懼是一種幻像」，就是要人們著重在心靈的成長，拋去恐懼感，帶給人們一種舒服的愉悅感覺，這也是吸引人們想要瞭解並進入新時代運動系統的重要原因。

　　第三、新時代運動結合了科學、心理學，並加以融會貫通，發揚光大，使我們覺得不那麼迷信。

第四、所有新時代教導，幾乎都跟「光」或「能量」脫離不了關係，而「光」或「能量」正是本世紀最熱門的話題之一，符合了時代新潮流，難怪會讓人們為之傾倒。

　　第五、新時代運動倡導能量醫療，以喚醒人體自癒系統為主軸，符合大眾「預防重於治療」的需要。

　　我自己遊走於新時代領域十多年，從剛開始對能量入迷，到後來自己也逐步稍有涉獵，有幸拜訪了許許多多教派的傳承大師們，在藉由學習這些教導的過程之中，慢慢地也放下了自身的傷痛及執著，除了對這些能促進人們心靈成長的課程，有非常正面的肯定之外，在自身的思想上也有了很大的轉變與遼闊的視野。

　　我們都知道，神愛世人不會分你是男人或是女人，更不會分你是東方人或西方人，只要是萬身都是神的化身，都為神所鐘愛。

　　古老的東方佛學思想，老早在文字裡記載了輪迴的觀念，靈魂在累生累世的學習過程之中，不但可能投生在東方，也可能投生在西方，如果您也認可了這樣的理念，那麼東方神祇在祂們轉世的過程之中，是不是會變身在西方成為西方人的神祇呢？

　　《魔法地圖──16種療癒身心靈的新時代教導》這本書記錄了我的學習過程與心路歷程，希望籍由此書的出版，讓更多人對新時代運動有更多瞭解的機會，也讓這些充滿光與愛的慈悲教導，帶給大家一個除了傳統宗教之外的學習參考。寫作的過程中，除了要感謝高談文化率先規畫並提出多元的主題的建議，更要感謝在這些過程中，給我修改建議與為我加油打氣的同修好友們。期待籍由這些各式各樣的課程，同時帶給人們更開闊的心靈視野，使人人的能量都能獲得長足的提升，心靈成長，喜悅自在，平安幸福。

Leela
曹惠瑜

第一章
臼井靈氣

「靈氣」（Reiki）是一種來自宇宙的生命能量，充滿在整個浩瀚虛空的宇宙當中，也存在於萬物之中。

「靈氣」（Reiki）是以日文發音，它與傳統氣功不一樣的地方在於，傳統氣功可以將自身所修練出來的氣，一點一點地傳給別人；而靈氣並不使用到自己的能量。靈氣透過我們的身體，將存在於宇宙之中的氣，從我們的雙手自然流出，取之不竭、用之不盡，我們的身體不過只是「靈氣」的通道而已。

「靈氣」也可以說是一種流動的生命能量，生命之所以活生生的存在，端賴存在著一口氣使然，也就是我們所謂的生命力。在今天的能量醫學中，「靈氣」（Reiki）是最多人學習，也是最廣泛、最知名的一種能量療法。

「靈氣」（Reiki）一詞源於日本。

更早以前的經典上曾經記載，佛陀和耶穌都具有徒手治療疾病的

關於臼井博士

臼井甕男(Mikao Usui)，出生於1865年08月15日，在日本的岐阜縣山方郡谷合村這個地方，是一名佛教天台宗弟子，他在佛教的經典中發現，佛陀具有徒手治療疾病的能力。1926年，臼井博士在受邀巡迴日本各地演講的旅途中，不幸過世，得年62歲。

「靈氣」源自於印度，是由臼井博士在佛教典籍中再度發現的。

能力。相傳「靈氣」源自於印度，是由臼井甕男（Mikao Usui）在佛教典籍中再度發現的，於是他夢想著有一天，自己也能夠發現徒手治病的方法。為了完成畢生的夢想，臼井博士獨自進入日本著名的聖山——鞍馬山，進行為期二十一天的閉觀修行。一直到第二十一天，就在他幾乎要放棄的時候，他被一道來自天上的「光」打中，「光」進入了他的頭頂，當時，臼井博士像是被雷擊中般，在光芒中腦袋裡瞬間出現了幾個靈氣符號（Symbol），他了解到，有一股偉大的力量進入了他的內在，同時擴展了他的覺知，他察覺到自己充滿了喜悅，之後，臼井博士像是突然靈性獲得開啟般，獲得了驚人的徒手治療能力，他只要將手放在人們的身上，就可以傳導靈氣，這股「靈氣」能量具有神奇的療癒力量。

臼井博士下山之後，在日本的一間收容所行醫，漸漸地臼井博士發現，在他所治療的病人當中，有些人在接受治療病況轉好之後，沒多久，又因相同的病症再度回到收容所來。他也發現人們過度地將自己身體健康的責任，交託給醫生，並未真正地為自己的健康負起應該有的責任。臼井博士了解到，他應該教人們用一種感恩的態度，來過全新的生活。於是，他離開了收容所，開始教導一些有心想要了解「靈氣」的人，教他們如何治療自己，也教大家幫助別人，臼井博士並寫下了重要的「靈氣守則」（The Principles of Reiki），期望能夠真正的讓人獲益，同時讓大家瞭解，除了治療身體的病症之外，也必須同時治癒自己的內心，才能過真正健康的生活。

1926年，臼井博士在巡迴日本各地演講的旅途中，不幸過世。為了紀念臼井博士在靈氣上的偉大發現，後人將他所發現的「靈氣」貫上他的姓式，尊稱為『臼井靈氣』以紀念他的貢獻。這便是臼井靈氣名稱的由來。

學習「臼井靈氣」需要經過靈氣導師的點化儀式，經過點化之後，每天早晚將雙手合掌，虔誠地

向上天祈禱，口中唱誦靈氣守則，然後將雙手向上打開，接引靈氣的進入，讓「靈氣」經由你的身體通道，充滿全身上下，源源不絕的宇宙能量，就能修復你的身心，讓你身體健康，心靈安頓。而簡單、易學、易懂，不必使用任何特殊工具，利用雙手即能具有神奇的自我療癒力量，正是靈氣療法之所以在二十一世紀的今天，變得那麼流行、那麼受歡迎的主要原因。

推廣靈氣的關鍵人物

「臼井靈氣」之所以能被廣為接受，其中的關鍵人物之一，就是林忠次郎（Chujiro Hayashi）先生。林忠次郎是一位退役海軍軍官，也是臼井博士的學生之一，他學習了靈氣之後，就在東京設立了靈氣診所，一邊行醫、一邊傳授靈氣療法。林忠次郎除了將治療的結果，做成完整的記錄與檔案之外，也將靈氣的教導方式做了有系統的規範。

1935年的某一天，一位從夏威夷來的年輕女孩──高田·哈瓦優（Hawaya Takata）女士，來到診所，當時她是來日本進行腫瘤外科手術的，停留期間有人推薦她這種徒手治療的方法，於是，高田女士來到林忠次郎先生的診所，尋求幫助。

高田女士在診所治療期間，病情快速地痊癒，讓她想學習「靈氣」的決心更加堅定，因而她請求林忠次郎先生教她學習靈氣的方法。沒想到這樣的因緣，竟成了靈氣之所以西傳的重要關鍵，而高田·哈瓦優女士就是其中的關鍵人物。林忠次郎先生似乎預見了，未來靈氣會因為高田女士在西方的廣傳而蓬勃發展，終至聞名於全世界，幫助成千上萬的人。

不久之後美日戰爭爆發，林忠

靈氣的五大守則

一.就在今天，我不生氣。
二.就在今天，我不煩惱。
三.就在今天，我心懷感恩。
四.就在今天，我誠實的賺取生活所需。
五.就在今天，我善待一切眾生。

次郎先生必需回到海軍服役，因此，立刻尋找可以托付、傳承的人選，變得迫在眉睫。就在這時，高田女士做了一個夢，夢中要她立刻去日本找林忠次郎先生。果真當她到達之後，林忠次郎先生將所有的相關事務安排妥當，然後穿著正式的禮服，召集家人及所有靈氣導師，正式宣佈高田女士成為他的靈氣繼承人，宣布完之後，他只說了一句「再見」，便以日本式的坐姿切腹自殺。原來，林忠次郎是虔誠的佛教徒，不能認同戰爭，便作了這樣壯烈的決定。

後來，高田女士再將靈氣療法傳承給了她的孫子Phyllis Furumoto。從此之後，「臼井靈氣」便以驚人的傳播方式，在全球拓展開來。

台灣目前學習「靈氣」的人口也有越來越多的趨勢，這種來自宇宙生命療癒的能量，不僅觸及身體健康的層面，同時也觸及到人們的心靈層次。也可以這麼說，在學習「靈氣」的過程中，除了點化靈氣所帶來的療癒與淨化作用之外，學

招福的秘法，萬病的靈藥。

成之後，還可以傳送「靈氣」給別人，幫助他人的健康，這正是學習靈氣的最殊勝之處。

學習靈氣的三個階段

高田女士將靈氣的學習，分為三個學習階段，並且制定了點化儀式的規範。在每一個階段中的點化，各有二十一天的淨化期，以我自己的經驗，這個由淺入深的學習過程，本身就是一個很美好的經驗。

※第一個階段：初階的靈氣點化，是為了調整身體成為宇宙靈氣的通道，使之可以和靈氣能量相連結，讓靈氣可以透過你的雙手接引，帶來自然的療癒力量。這個階段除了淨化自己的通道及提升自己的能量外，也在調整身體與靈氣之

間的頻率，和探索自我治療的技巧。畢竟在能治療別人之前，自我身心靈的淨化及保持靈氣管道的通暢，是最為重要的。

※第二個階段：經過第一階的練習之後，第二個階段的靈氣點化，將會處理自己更細微的情緒問題。也因此淨化期的反應會更加明顯，除了能提升個人在能量層面上的覺察能力之外，直覺或第六感，可能因此而變得更加敏銳。第二階最重要的是傳授三個靈氣符號，其中有一個符號，是用於遠距治療之用，這個符號可以讓你體會到能量超越時空的奧妙。也就是說，到了靈氣的第二個階段，因為加上了靈氣符號的運用，靈氣導師將會教授更多的靈氣療癒手法及技巧，使得徒手治療的技術，因此而更加的純熟與進步。

※第三個階段：到了這個階段，靈氣的學習方法更加細緻，可以再細分為二個階段：（1)靈氣師父初階；與（2)靈氣師父進階。這二個重要的學習，說明如下：

（1)靈氣師父初階：針對那些學習並使用靈氣之後，真正有興趣想要幫助別人，有志於成為靈氣導師的人，所給予的點化教育。在這個學習過程中，還會傳授一個屬於靈氣師父的高階符號，並學習如何點化靈氣課程第一、二階段的學弟妹們。

（2)靈氣師父進階：是學習靈氣的最後一個階段，也是成為靈氣點化師的最後課程。在這個階段裡，不但已經成為可以點化靈氣課程第一、二階段的人，也可以成為點化靈氣師父初階的靈氣導師。經過這個點化課程之後，便能成為真正的靈氣導師，這也是人生另一個學習的開始。當然，並非每一個通過點化課程的人，人人都能成為靈氣導師，真正的導師是那些在內在下很深功夫的人，他們不但具有很深的靜心品質，也能夠展現愛與尊重的能量。唯有真正成為自己內在的導師之後，才有辦法去教導別人。

在我的觀察裡，通常專注於自我療癒道路上的人，反而是最能成為靈氣導師的人，當你的內在獲得

了療癒，心中會對眾生升起大悲之心，會很想要去幫助別人的靈性成長，這樣的人，內在會具有某種特殊的愛的品質。如同前面所說，靈氣是一種宇宙的自然療癒力量，自己必須真正去經歷內在的蛻變過程，才能感受真愛與關懷的力量，而這股力量才是除了嫻熟的療癒技巧之外，一位真正的靈氣導師最重要的內在品質。

我的靈氣初體驗

學習靈氣的好處很多，靈氣不但能使我們的身體變得更健康，隨著靈氣的一次次點化，身體及心靈也一次一次獲得淨化與提升，當能量不斷進入我們的身體，並且觸及到心靈層面的時候，也能同時療癒自己的心靈傷痛，對我來說，這是個很特別的經驗。

還記得我在第一階段，進行靈氣點化時的點點滴滴。因為自己從來沒有接觸過能量療法，在接受靈氣點化的前幾天，內心忐忑不安自不在話下。從小父母離異，我和弟妹跟著母親生活，對我而言，父親是個不負責任的男人，我對父親有著深深的惱怒。在潛意識裡，我非常抗拒男女之間的親密關係，也不相信愛情真的可以白首偕老，當然，自己也從來沒有想到過，跟父親也會有和解的一天。但就在自己學習靈氣的過程中，無意中療癒了與父親之間的深深創痛。

記得在第一階段靈氣點化當中，自己好像新嫁娘般，受到靈氣能量的包圍與祝福，就在我坐在那裡等待著被點化時，可以明確地感受到心中有一股愛，緩緩的湧出來。這真是個奇妙的時刻，我心中出現自己剛剛要出嫁時的心情，百般滋味湧上心頭，既甜蜜、害羞又害怕。正當點化師幫我進行點化的那一剎那，我的眼淚竟然無法克制的流了下來，此時此刻，彷彿父親就站在我的身邊，給了我他所有的祝福，我好像真的看見了父親，我的心無法抑制地悸動著。

一直以來，自己總是感覺很孤單，父母親也總是在我人生最重要的時刻，缺席了。出嫁時，父親已經往生，父親沒能來觀禮是我心中

永遠的痛，但現在，我清晰地感覺到父親就在我的身邊，給了我深深的愛與祝福，這一刻父親是溫暖的、是疼惜我的。

「沒有怨恨，只有愛」，怨恨的背後是因為得不到愛所形成的匱乏，在當下我終於瞭解，怨恨是愛的另一面鏡子，愛與恨就像雙生子。如果我們能夠理解，怨恨的背後是源自於想得到愛，那麼，我們對於「愛」這個字，就會有更深的體會，對於怨恨的看待，自然也會流露出更多的慈悲。

之所以怨恨，是因為我們彼此深愛著對方，如果我們根本不愛對方，那麼也不會有怨恨的產生。在那一瞬間，父親的出現彌補了我對於父愛的匱乏，同時，也讓我瞭解，無論父母親的婚姻過程如何，我始終都深愛著我的父親。這與現實生活當中，討厭、怨恨父親的心情有著很大的不同，或許是血緣關係的牽繫，原來原諒父親是這般容易。

那是發生在第一次開啟靈氣的時候，當靈氣接通的剎那，宇宙靈氣源源不斷的進入我的身體，使我感到好幸福、好滿足。父母親破碎的婚姻，讓我從小在愛的氛圍裡受了傷，一度認為自己被父親遺棄的心結與陰影，始終揮之不去，總以為自己根本不值得被愛，這時我才恍然大悟，原來我犯了多大的錯誤，原來自己擁有好多好多的愛，多到可以分享一些給別人。

當開啟靈氣的儀式完成，師父給了我深深的擁抱時，感覺似乎是已過世的父親在擁抱著我，即便他以不負責任的方式離開我的生活，但他同時教會我獨立與堅強。我終於明白，我可以放下和原諒，可以感恩，也擁有了愛的勇氣。

在釋懷的那一刻，我似乎也能瞭解父親心中的苦，他對我們並非全然不在意，只是用了另外一種方式，陪伴我們成長，無論好與壞都是生命中學習成長的過程，在那一刻，對我而言是一個很大的創傷釋放，我不僅全然釋懷，更深深烙印了與父親相處時的美好記憶，在靈氣能量的層次上，再度與父親取得連結，心中那種孤苦無依的感覺消

失不見了。

靈氣為我帶來了前所未有的心靈療癒力量。這也是我如此推崇靈氣療癒、感恩我的靈氣老師的原因。當靈氣療癒的力量觸及了我的心靈時，愛變得無所不在，就像光照進了黑暗，光明所行之處，黑暗也跟著完全的消失。

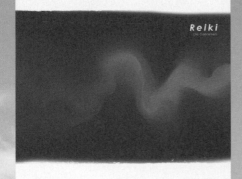

風潮音樂總經理楊錦聰推薦

Reiki
Ole Gabrielsen

臼井靈氣V.S.幸福靈氣
收錄於光‧靈氣‧靜心與舞蹈4CD

記憶中，靈氣課程對我而言是一種很放鬆的過程。這張出自歐洲靈氣大師歐爾‧葛伯瑞林（Ole Gabrielsen）的音樂專輯，旋律中即具有貫通靈氣的能量。因此，只要放鬆身心聆聽，即可導通靈氣，很適合一般人用來當作啟動自我療癒能量的媒介。

愛在覺知工作坊──向直覺敞開一日工作坊

指導老師：Leela

巨蟹座，是部落格世界中極受歡迎的人物，也是個認真生活、喜歡分享心得的人。興趣是閱讀寫作、音樂欣賞、遊山玩水、占星算命，本書作者。

【課程內容】

特色：

這個工作坊著重在關係的解讀，你將學習到如何解讀自己的潛意識密碼、敞開自己的直覺，成為潛意識訊息的使者。

在日常生活中，找出自己是屬於那一類型的直覺表現方式，來幫助自己在日常生活中的潛能開發，解讀潛意識所帶給我們的訊息是什麼，傾聽自己內在的聲音，信任自己的直覺能力，信任自己的身體。直覺能力是我們原本具足、天生就擁有的能力，而今我們不過再度找回這樣的能力而已。

內容：

早上課程──成為覺察念頭的人，訊息的傳遞者。

一、找出自己的直覺能力強項在那裡

二、活化第三眼直覺能力冥想

三、如何傾聽能量在說話，你是如何被能量所影響

四、內在男人及女人的對話

五、傾聽大自然的聲音，花草樹木花朵的冥想

下午課程──覺知的進入一段關係

一、找出自己的恐懼如何影響妳

二、說自己的故事，覺察的進入一段關係

三、認出自己未完成的面向，活出生命中未完成的部份（冥想)

四、成為潛意識訊息的解碼者，樹葉占卜

五、團體的祝福包儀式，祝福自己心想事成，充滿祝福的回家

上課時間：週末早上10：00~下午5：00

上課地點：另行通知

費用：4000元

網路報名：

高談部落格 http://www.wretch.cc/blog/cultuspeak

第二章
Deeksha
——來自宇宙的神聖開悟能量

宇宙中深藏許多奧妙的能量，臼井靈氣可說是「生命能量」，幫助人們療癒肉體及心靈。本章則要介紹另一股同樣強大、同樣來自宇宙的能量——Deeksha；它雖然也來自宇宙，但因質地不同，對人們帶來的效果也不盡相同。

印度神人夫妻
Sri Bhagavan & Sri Amma

Deeksha是一種「神聖開悟能量」，由巴格梵大師（Sri Bhagavan）與阿瑪大師（Sri Amma）這對印度在世神人夫妻所傳遞出來。他們倡導神聖的合一意識，在合一意識的理想當中，這世界將不再有任何的界線，包括：國家的、宗教的、階級的或是種族的藩籬。

巴格梵大師為「神」重新做了定義。他說：「神與人是不可分離的，神與人雖然不一樣，但卻是同一個實相的兩端。」阿瑪大師更將「神」定義成：「更高層次的神聖自我、更高的智慧，或者更高的意識。」

巴格梵大師從小就有一個願景，他要將全人類的意識，提昇到無盡的愛與無限的喜悅狀態當中，並且將這樣的狀態轉化到和周遭萬物合一的境界。這是一個讓人類從所有的苦難脫身的偉大夢想。因為這對神人夫妻預見了人類將在2012年進入一個黃金新紀元，而這個黃金新紀元，在神的計畫中，將透過Deeksha神聖能量的傳遞，達成神

聖使命。

有一次我參加一個國內大型的Deeksha活動，會場進行中放映了Deeksha學員們去印度所拍攝的照片與錄影帶。那卷錄影帶是巴格梵大師和阿瑪大師的紀錄片，主角就是這對神人夫妻。當巴格梵大師站在舞台上，接受成千上萬群眾的歡呼時，他的神情依然安詳而自在。現在學習Deeksha，已經成為全球新興的印度朝聖目標，每年都有成千上萬的人，湧進印度合一大學，只為了接受這對神人夫妻的祝福。這對神人夫妻的謙和態度，與散發出的無私的愛的能量光環，令人感佩、折服。

自古以來，印度的聖者總是特別多。影片中，巴格梵大師的雙眼，深深地凝望著台下擁擠的群眾，那個眼神我曾經在印度成道大師奧修的眼眸中見過。巴格梵向台下的民眾打著招呼，有的民眾因為太過激動，而歡呼、落淚，只見巴格梵大師閉上眼睛，進入深深的靜心狀態，我突然覺得很感動，那一刻，我似乎明白，在一位聖者的心裡、眼裡只有靜心，因為他們知道，只要他靜心了，所有的人都會跟著靜下心；只要他的內在平靜了，所有的人的內在也會跟著平靜下來。

印度合一大學（Oneness University）的創立

印度合一大學（Oneness University）創立於1996年，2004年開始才正式對國際學生開放。這所大學座落在印度千奈西北方約八十公里處。每個月都有從世界各國，包括：台灣、美國、加拿大、墨西哥、中美洲、南美洲、非洲、英國、義大利、法國、瑞典、丹麥、德國、荷蘭、以色列、俄羅斯、中國、南韓、日本、澳洲、紐西蘭……等國家的數百位求道者，前來參加合一大學的覺醒課程。人們可以根據自己的需求，自由選擇參加二十一天或者十天，深度不同的相關課程，並接受神聖能量的洗禮，將自己的身心狀態回歸到與萬物合一的情境中。

合一大學與合一運動，是巴格

靈魂人物
巴格梵大師（Sri Bhagavan）與阿瑪大師（Sri Amma）

巴格梵大師

阿瑪大師

巴格梵大師（Sri Bhagavan）於1949年3月7日，出生在印度Tamilnadu北部Arcot行政區的Natham地區。他從小就是個非常獨特的孩子，當其他同年齡的孩子都在玩耍和嬉戲的時候，他已經開始留心觀察不同的生命，並思索生命背後的本質。巴格梵大師自幼就有一個願景，他要將全人類的意識，提昇到無盡的愛與無限的喜悅當中，並將這種狀態轉化到和周遭萬物合一的狀態。在很年輕的時候，巴格梵大師就說，他會讓世界產生一個巨大的轉變。沒錯，巴格梵大師的願景，正是在2012年打造地球的黃金新紀元。他的使命是使六萬四千人，因Deeksha神聖能量的傳遞而開悟。

阿瑪大師（Sri Amma）於1954年8月15日，出生在印度Pennar河岸邊的Nellore地區。那是一個稱為Sangam的美麗村莊。她的優雅、孩子般的純真與無比浩瀚的智慧，常常讓聆聽她話語的人心中深受感動，經常有人因聽了她的開導而淚流滿面，並對她產生無限的愛戴。據說在阿瑪大師小時候，村子裡就四處流傳著一種傳說：小阿瑪是能帶給人們的幸運女神，只要能夠抱抱阿瑪，就會為自己帶來好運。因此，有無數的人從別的村莊趕來看她，只為了抱抱她、見她一面。

如果說巴格梵大師的使命是給人類覺醒的意識；那麼阿瑪大師則選擇在人們追求覺醒之前，先滿足人們心中的渴望。因為除非欲望得到滿足，否則大多數的人並不會對覺醒產生興趣，這也是阿瑪大師慈悲所在。

梵和阿瑪二位大師的熱情與無限慈悲的展現。合一大學是一所專門以幫助人們心智覺醒而設立的大學，目的是「讓人類全然與無條件的解脫」，透過Deeksha傳遞合一意識狀態，幫助你開悟、了悟神，然後成為一個真正的人。

巴格梵大師是這麼解釋「合一」的意涵：

「合一有很多層次，首先讓我們看看自己內在的合一。現在的你，並非是一個個人，內在的你是分裂的，你的內在就像是一群群眾。你既是某人的兒子或女兒，也可能是某人的父親、母親、丈夫、妻子、同事或朋友，你既是某人的雇主，也可能是員工。有如此多的身份都存在於你的內在，他們一直都在相互對話。除此之外，意識自我與無意識自我、真實自我與虛假自我，也都一直在對話著。

『你』就是那些吵雜的對話，只有當對話停止的時候，你的內在才能成為一體。我所謂的『單一』意指『合一』，『合一』象徵著分裂在此刻完全消失了。然而這只是『合一』的第一個階段而已；在下一個階段，你將會經歷與全人類之間的合一過程，這時你看待別人與自己的眼光將不會再有不同；而在第三個階段，你也會進一步發現，自己與大地、樹木、水、天空合而為一。當你與大自然合一時，你最終會發現，自己已經與宇宙合為一體。這時，你與神合一，你會深刻地了解，你就是神，神就是你。而我將要一步一步，帶著大家到達最終的合一境界。」

巴格梵和阿瑪二位大師，受到數以萬計人們的推崇與景仰，無數的人來到印度，接受了合一的祝福，他們傳遞開悟種籽的神聖能量，傳遞合一意識以及神的恩典。

印度合一大學在哪裡？

印度合一大學的地址是在：
Oneness University World Head Quarters
Campus 3,
Varadaiahpalem,
Chittoor District,
Andhra Pradesh - 517 541, India.

台灣第一個傳授Deeksha教導的「合一心靈中心」中，氣氛寧靜的教室，等著學員來加入靜心的行列。

它可以確實地將分離感溶解，並重新建立起你和大自然之間的連結。當你經驗到自己合一時，你就是極樂、愛與自由。

美國有一個心理學家大衛‧霍金，他把人的意識細分成從0到1000的層級。而最底層的情感包括像：罪惡感、羞恥感、恐懼、害怕……等等感覺；而最高層的情感則是愛和開悟。如果一小部分

人，充滿了最上層的愛和喜悅，會影響或改變幾千甚至幾百萬人的罪惡感、羞恥感或者害怕……等等情緒。他所提出的見解也是一種形態的傳導現象。就算是在頂端的人，數量不是很多，但只要有人持續維持在頂端的狀態，他們便能真正的創造巨大的、使人開悟的能量，這正是金字塔效應的擴散力量。

這些都是聖者、聖人們的願景與目標，他們必須要去平衡那些無所不在的負面能量。所以他們相信

只要有六萬四千個人覺醒、開悟，便會有足夠的能量去轉化全人類的負能量。在2012年以前，金字塔的頂層一定要有足夠的人數，地球上只要有六萬四千個開悟者，整個地球就會形成一種開悟效應，地球的能量場會快速提昇，這個提昇的開悟能量，會帶動所有人的開悟效應，使地球邁向黃金新紀元。

第一百隻猴子理論

　　這樣的偉大願景，讓我想起第一百隻猴子理論的故事。

　　相傳在1950年代初期，日本京都大學靈長類研究所的研究人員，在研究九州宮崎縣幸島上的猴子，他們以蕃薯餵食這些猴子。到了1953年的某一天，有一隻一歲半的母猴偶然把蕃薯拿到河水中，把蕃薯上的泥巴清洗乾淨後才吃。很快地，有一部份小猴和母猴開始模仿起這隻母猴清洗蕃薯的行為。這個實驗繼續進行著，到了1957年時，二十隻猿猴當中，大約有十五隻，都會自動將蕃薯放進河水中清洗乾淨之後再吃，猴群們產生了一種新的智慧，而先清洗蕃薯後再吃也成為一種新的習慣。

　　很奇妙地，當到了第一百隻猴子開始模仿清洗蕃薯的動作時，情況有了驚人的變化。從來沒有學習過如何清洗蕃薯的猴子，突然在一夕之間，幾乎全都學會了這種新的進食方式。也就是說，其他不知道清洗蕃薯的猴子，雖然沒有跟已經學會的猴子群接觸，可是竟然也知道了這個清洗蕃薯再食用的飲食方法。更令人驚訝的是，隔了沒多久，清洗蕃薯的新行為，橫越了海洋，傳到對岸大分縣高崎山的猴子身上，這兩群猴子完全沒有任何接觸的機會，卻有了相同的行為。

　　英國的科學家謝瑞克（Rupper Sheldrake）認為：不斷重複的行為，會形成一種記憶，即不經過思考也能夠產生立即的反應。一百隻猴子的重複動作，形成了一種「磁場區域」，其他沒有學習過的猴子與這個「磁場區域」，因為產生了「共鳴」效應，而不必經過學習，便自動表現出這些行為。

　　或許第一百隻猴子理論，可以

用來解釋，為什麼全地球有接近六十四億的人口當中，只需要有六萬四千人真正開悟。當這一天來臨時，整個地球就會形成一種開悟的磁場效應，人類的心靈將會達到一個全新的境界。

Deeksha可以影響腦神經系統的科學根據

在印度合一大學接受過巴格梵和阿瑪二位大師點化過後的人們，便成為Deeksha的「傳導師」（Giver），當他們給予Deeksha時，只要將手放在人們的頭上，傳導能量即可。當他們傳導Deeksha時，雙手就像是在傳送電磁能量。這些能量將進入對方的腦部和脊髓，增加或者送入內分泌無管腺的能量，去重新啟動對方的脈輪。所有這些轉化，都會在頭腦中創造出一個空洞，這個空洞讓神與人之間的連結得以建立。這些工作的目

照片中的聖鞋，是巴格梵大師的鞋，象徵大師的雙腳。向聖鞋五體投地的頂禮，代表對得道之人最大的敬意。

的，就是在心裡挪出一個空間，建立起神和人接通的管道，而剩下來要發生什麼事，那就是上帝的工作了。

神經生理學家克里斯汀‧奧皮茨（Christian Opitz）研究發現，病態神祕經驗裡，過度活躍的腦右側額葉，是產生所有問題的核心。而融入日常生活的整體健康覺醒，總是來自於優勢的腦左側額葉。覺醒的大腦模式為：「頂葉活動大幅減弱」，當前額葉受到活化時，頂葉則受到抑制。這是真正的靈性覺醒，與造成一個人病態的神祕經驗是不同的。反之這些發現也被一位專精心理醫學的醫學博士勞夫‧法蘭茲史考斯基（Ralf Franziskowski），以精密的AMSAT診斷裝置，掃瞄人們的腦部而得到證實。

接受Deeksha並不需要去瞭解或懂些什麼，也不需刻意去做些什麼，只要懷著敞開的心去接受就好。方法很簡單，就像密宗的灌頂一樣，傳導師將雙手放在接受者的頭頂上數分鐘之後，接受者要躺下來靜靜的休息一會兒，讓Deeksha這來自宇宙的能量，透過傳導師，進入接受者的身體，並與之融合

我的Deeksha神祕體驗

接受Deeksha的好處是，可以快速幫助喚醒我們內在的神性。在一次又一次接受Deeksha的能量傳導之後，內在意識也會獲得提昇。換句話說，這是一種開悟能量快速傳遞的方法。

第一次接Deeksha，是在去年暑假的時候，當時大病初癒的我，身子骨虛弱無比，剛好朋友Vismaya從印度合一大學接受了二十一天的點化，學成歸來。她看到我如此沒元氣，慈悲心大發，說要幫我在能量上補一補。

當時的我完全不知道什麼是Deeksha。只見Vismaya將雙手放在我的頭頂上，我可以感覺到她的雙手非常柔軟、溫暖、舒服，接著一股能量不斷地從頭部進入我的身體，瞬間我的意識竟跑到宇宙裡去了，腦海中出現很多的宇宙小艇，

快速穿梭在複雜的時光航道中，那些畫面既真實又虛幻，是一次很特殊的經驗。之後，我稱它為：「一種令人感到非常寧靜的靜心感動」。

第二次，又很榮幸地得到Vismaya給我Deeksha。這次的經驗，與上次明顯不同，出現的是更為殊勝的圖像畫面。我在想，也許是自己現在的身體狀況比較健康，能量也比較充足了，所以才能看見如此殊勝的畫面。

過程是這樣的：當時Vismaya把雙手放在我的頭頂上，不一會兒，我竟然看見了黃金色的聖殿，那是一座以黃金堆砌而成的尊貴聖殿，聖殿光芒萬丈、莊嚴宏偉、美不勝收。聖殿的兩旁是花園錦簇的大型花園。慢慢地，畫面開始往後腦方向延伸，呈現出宛如超廣角的360度鏡頭般的景象，美麗的花園竟然從四面八方圍繞著我。當時我的心中充滿著祥和與喜悅，不禁感動得

流下了淚水，那是一種：「家」竟然離我如此之近的特殊感動。

以前自己的圖像能力，只能呈現彩色、平面的180度視野，但現在，竟然突破到可以看見超廣角360度的畫面，連以前看不到的後方景像，現在也都能清清楚楚的看到了。我彷彿站在360度環繞式的立體劇院裡觀看一切，真真實實、清晰可見。更神奇的是，我告訴Vismaya這些景像時，她說：「印度真的要蓋一座如假包換的黃金城。」沒想到我竟然能接收到即將顯化的訊息。

陸陸續續我又接了幾次的Deeksha。某一次，我竟然在接Deeksha的時候，看見一頭驢子經過了黃金城的城門，我告訴Vismaya：「那頭驢子覺得自己好醜，一點都不配經過那座金碧輝煌的黃金城門。」顯然地，在潛意識裡，我對自己仍然殘存著自卑的負能量。

Vismaya要我持續的靜心觀照，她說：「那頭驢子不是真正的妳。」

觀照了一會兒之後，黃金城門消失了，只剩下一道光。不一會兒，連光也消失無蹤，在光的背後是「空」，我瞬間到達了「空」的狀態。

這是我第二次進入「空」的狀態中。第一次經歷「空」，是在開啟靈氣的時候，那是一種非常深層的寧靜。在「空」裡，「你」不再是「你」，真實的你消失了，甚至於連呼吸你都覺得多餘；「你」再也看不到自己。這雖然意味著「你」已經沒有了自己，但是卻清楚理解「你」的存在，那真是一種奧妙不可言的經驗。如果不是因為接受了這些宇宙的神聖能量，我想我一輩子都無法體驗、接觸這種殊勝、完美的狀態。

Deeksha V.S奧秘真言的祝福

這系列Moola真言是來自Sri Amma與Sri Bhagavan的祈禱與祝福，送給想終結苦痛，以及渴望到達更高意識狀態的人。它就像一組電話號碼，從我們人直通及神及祂的恩典。由於唱誦者都具有一定的修行，所以感覺特別能給人更多的真與愛。

合一心靈中心

合一心靈中心是由加拿大華僑Amira和德國人Revato於2004年所創辦，他們在接受阿瑪和巴格梵大師的課程時，深深體驗到Deeksha的威力與恩典，於是接受他們的邀請，來到台灣成立中心，這是Deeksha第一次被介紹到台灣來，也是最早的Deeksha中心。合一心靈中心致力於Deeksha的傳遞，提昇人類意識，和喚醒人們的內在力量，讓人如實如是的經驗生活。

中心課程及發展的三大特色是：

關係圓滿：生活就是關係，人出生後便開始經驗各種關係。關係圓滿是每個人內在的渴望。合一心靈中心所提供的課程，可以透過深入探索自己的內在，讓外在關係圓滿與圓融。

豐盛的創造與顯化：靈性成長與物質豐盛並不衝突，而我們對金錢的信念與制約，更是檢視自己的內在一項指標。每個人都是圓滿的，但親自體驗豐盛與圓滿，是很重要的課程。

與神合一：人一直都在尋找自己到底是誰，內心深處總感到些微的空虛，因為我們與內在的神性分離，當我們整合內在無數的小我而與自己合一，與他人和萬物合一，沒有分裂，這就是與神合一。

【課程內容】

1.祈福活動：針對不同的主題，集合多位Deeksha傳導師的力量，共同為參與者給予Deeksha祝福，在每個月第一週的星期五晚上舉辦。

參考費用：500元

2. 合一祝福之夜（Deeksha Night）：傳遞合一教導並給予Deeksha，每週三、四上課。

參考費用：單堂700元，一次繳清四堂課再享優惠。

3. 中脈七輪的開發與平衡課程： 是清除中脈七輪的阻塞和開發平衡它們的課程，每堂課都給予Deeksha，於每週二晚上開課。

參考費用：單堂1000元，一次繳清八堂課再享優惠。

4.工作坊

幫助關係療癒、脈輪開發、覺知鍛鍊以及意識快速提昇轉化的成長課程。目前固定舉辦的工作坊有：合一靜心＋知見心理學（POV）二天工作坊、脈輪開發二天工作坊、深度療癒工作坊、

一日靜心工作坊以及由國外老師親自授課之年度工作坊。

參考費用：2,000～10,000元不等。

5. 國際課程

合一大學的準備課程、一階、二階及深度課程。

6. 個案服務

透過一對一的個案方式，能夠加速釋放過去累積下來的重擔和阻塞的能量，更輕易地與內在真我溝通連結，感受到內在的自由與外在的豐盛、和諧。

參考費用：單次2,000～10,000元不等。

未來規劃

1. 舉辦更多元化及深度的國外心靈之旅。

2. 建立合一村。

合一心靈中心的聖壇，放著觀音和阿瑪巴格梵的照片，請祂們祝福這個場地和每個來到這裡的人。

傳導師

是一群非常優秀，並且致力於身心靈成長，是Deeksha傳導師，他們都非常想要幫助人們找到內在智性的根源，淨化和療癒，並提昇人們的意識。

湯維正

受到許多開悟大師的啟發，為世界各地大師即席口譯無數次，包括：知見心理學、安東尼羅賓斯、珍‧休斯頓及印度合一大學等，並譯有多本大師的著作。現任印度合一大學課程的翻譯、Deeksha傳導師、靈氣師父、阿梵達領袖、訓練師、揚昇（Ascension）課程教師、知見心理學百天畢業生、自創靈性心理學，心靈成長課程教授並給予個別諮商。

Jayadip（嘉地普）（德國籍）

嘉地普從小就對「我是誰？」、「什麼是真理？」這些問題感到興趣。工作多年之後，他開始往內修。在接觸過回教蘇菲和葛吉夫系統之後，奧修成為他的師父，之後，他全然地在奧修的社區工作奉獻長達十八年之久。

他透過帶領遊客遊覽喜馬拉雅山和西藏來支持他的學習，他研究心理學、佛學、道教、印度教、Faisal的本質工作、肯恩‧威爾伯（Wilber）的整合理論及其它等等。

合一心靈中心的
傳導師群。

自2003年起，他在北印度的喜馬拉雅山下閉關修行，是位現代和尚。從2000年起，他每年來台灣，在靈性的道路上支持著台灣的朋友們。

【中心主持人：李靜芬】

在2006年的一個因緣際會下，靜芬第一次接觸到Deeksha，在一系列的課程下，深刻體驗到Deeksha的恩典與威力，於是在2007年參與印度合一大學的國際課程，成為Deeksha的純淨管道。

靜芬常常讓接觸她的人感受到她的喜悅與熱忱。當2008年底Amira要回加拿大定居時，靜芬感受到內在的呼喚，希望將這溫暖、充滿愛與恩典的合一心靈中心延續下去，於是接下中心，成為中心的負責人。

靜芬相信世界終成一家，沒有國界的限制，沒有你我之分，所有人都活在當下，對生命充滿愛與喜悅。她的願景是協助更多的人提昇意識，如實如是經驗生命，圓滿關係，在無盡的愛與喜悅中與萬物和神合一。

她的另一個願景是建立合一村，是一個讓人身心靈沈澱、放鬆、成長與充電的神聖美好的地方，在合一村裡可以感受到很多的愛、寧靜、平安和喜悅，並感受到神聖恩典的祝福。當身心靈得到滋養後，可以更加落實在生活中，並創造出更多豐盛與和諧的關係。

【報名資訊】

聯絡電話：（02）8913-5131

傳真電話：（02）8913-5897

聯絡地址：新店市寶橋路27號6樓（新店七張捷運站旁，北新國小對面）

聯絡信箱：info@onenesscenter.com.tw, oneness@seed.net.tw

網址：http://www.thewayofgrace.com；http://www.onenesscenter.com.tw

第三章
深入靜心的天堂
——奧修與靜心

　　奧修大師（Osho）原名 Bhagwan Shree Rajneesh，是二十世紀最具知名度的靈修大師，達賴喇嘛曾說：「奧修是一位成道大師，他用一切可能的善巧方便方法來幫助人類克服意識發展的困難。」不僅如此，西藏的至尊喇嘛卡瑪帕也都承認，奧修大師在二世之前是與他們在一起的，目前奧修前世的化身之一，已經被信徒製成黃金雕像，保存在西藏的化身堂，至尊喇嘛卡瑪帕還說：「奧修是『世界的導師』」。

　　一九三一年出生於印度的奧修大師，從小就顯得叛逆且獨立，他不但挑戰既有的宗教、社會和政治傳統，更堅持真理必須由自己親身來體驗。奧修大師以優異的成績畢業於印度沙加大學哲學系，並在二十一歲那年成道，在傑波普大學

擔任九年的哲學系教授。

　　一九六〇年代，他發展出一套獨一無二的動態靜心技巧，並開始在印度各地舉辦靜心營。一九七〇年代初期，愈來愈多西方人跟隨著他，奧修大師開始周遊全國進行演講，讓許多受困於傳統戒律的人們，有了不同於以往的領會，於是追隨他的門徒就愈來愈多。

　　在奧修大師的傳道生涯中，他廣泛地談論人類意識發展的每一個面向，從佛洛依德到莊子；從戈齊福到佛陀；從耶穌基督到泰戈爾……，從這些哲人的思想精華中，奧修大師提鍊出對現代人的靈性成長上所追求，具有深刻意義的東西；他曾說他不屬於任何的傳統，也沒有建立任何教派。

　　一九九〇年，奧修大師離開了人間。在他的墓碑上刻著：

奧修 從未被生下來 也從未死去
只是在1931年12月11日至1990年1
月19日這段期間
拜訪了這個地球

奧修大師口授了這段不朽的墓
誌銘，同時也省下了書寫個人自傳
的功夫，並且要他的門徒，將這句
不朽的名言，刻在他的墓碑上，不
需要留下任何他的自傳，瀟灑的
來，也瀟灑的走。目前，他生前所
建造在印度的普那社區仍然繼續地
在運作著，由奧修大師的二十個門
徒共同領導。

人間天堂，
印度國際靜心休閒度假中心
　　一九七四年，奧修大師創建了
普那國際靜心中心，位置在位於印
度孟買東南方約一百英哩，車程約
四個半小時的普那（Pune）。這是
一個全世界知名的國際靜心休閒度
假中心，佔地三十二英畝，約四萬
坪的可利公園（Kor-egaon Park）。
每年，大約有來自一百個不同國家
的遊客，無數的人來參訪這個度假

中心，體驗靜心與各種工作坊的課
程，他們可以住在普那社區裡面，
或落腳在附近旅館或私人公寓。
　　普那（Pune）本來是印度國
王和富有的英國殖民帝國的避暑聖
地，如今已成為一個現代化都市，
這座城市孕育著幾所大學和一些高
科技工業。這裡每年都會吸引無數
來自世界各地追求身心靈成長的
人，普那國際靜心中心為大家提供
了種種活動，訪客也可以高高興興
地參加每天舉辦的活動，或是放鬆
進入寧靜與靜心。
　　奧修多元大學裡環境優美，各
式各樣的活動多采多姿，是世界上
唯一以歡笑、喜悅及遊戲的心情，
來教導靜心的社區。在這裡有短期
的工作坊，有長期的訓練課程，
從創造性藝術，到完整的健康治
療，不管是靜心、帶有禪味的工作
坊、心靈成長、西方科學療法、武
術…應有盡有。許許多多來自世界
個別領域的頂尖治療師，帶領各種
探討男女關係及轉化的工作坊，每
天都有密集的動態靜心，及其他排
滿檔的靜心活動，你也可以選擇在

翠樹、鮮花圍繞的花園裡面靜心冥想，或在俱樂部裡游泳、打球，更可以無所事事的到處亂逛，普那國際靜心中心堪稱是人間天堂。

在這裡只能學到一件偉大的事，那就是去「享受生命」。奧修大師曾說：

「我的訊息不是教條、不是哲學，而是一種煉金術、一種變化氣質的科學。」

對奧修大師來說，靜心不是一件與生活無關的特殊事件，他說：

「除了生活之外，沒有其他的神。」

奧修大師從不灌輸人們宗教的觀念，以及為現代人所設計的種種科學方法，他希望人們能夠放掉平時使用過盛的頭腦，達到完全放鬆、寧靜、平和與愛的境界，好讓人們能更容易去經驗靜心的寧靜，所以他設計了很多的靜心課程。

如果你仔細的去觀察整個奧修社區的活動，你就會發現，所有的工作坊與活動的目地，都是在教導人們靜心修性，參與過奧修靜心的人都能體會，課程中幾乎沒有理論，有的只是肢體的舞動與情緒的宣洩，這帶給人們一種自由奔放的感覺，在靜心之中沒有人會注意你，所以你也不必感到不好意思，可以盡情的釋放自己。

治療的力量

「靜心」（Meditation）這個字和「醫藥」（Medicine）這個字，來自於同一個字根。

醫藥意味著那個能夠治療身體的部分，而靜心則意味著那個能夠治療心靈的部分，這二者都是治療的力量。靜心跟心理分析或其他任何侷限在頭腦的治療完全不同，你只是看著頭腦，你只是觀照著它，在那個觀照中，你就走出它，慢慢的，那些帶著很多問題的頭腦就會消失。

奧修大師說過靜心裡面有幾件重要的事，不論用什麼樣的方法，這幾件事都是必須的。

第二件事情：就是放鬆的狀態，不要與頭腦抗爭，不要控制頭腦，不要專注。

第二件事情：就是只要用放鬆

的覺知，來觀照任何正在進行的事，不要有任何的干涉，只要靜靜的觀照著頭腦，不要有任何的判斷或評價。

第三件事情：放鬆、觀照、和不判斷，漸漸，漸漸地，就會有很深的寧靜降臨到你身上。

所有的靜心都是為了擺脫制約，關於這個部份，奧修大師說的很美：

「社會的需要和存在的需要必需被滿足，所以我不會說，不要制約小孩，如果你讓他們完全的不受制約，他們會變成野蠻的，那麼他們將不能存在社會上。」又說：

「生存需要制約，但制約並非是生存的目的，所以你必需能夠使用制約，也能夠將他們脫掉，就好像你的衣服一樣，你可以穿上衣服出去辦事，然後回家後將它脫掉，那麼你就對了。」

我非常喜歡奧修大師，因為奧修大師說的話語總是很美，在他的書裡，常常總是會有幾句話不經意的觸動了你，奧修大師講的道理不會用到很深的詞句，他總是用淺顯易懂的句子，或故事來講述道理。

坊間有關奧修大師的著作已經很多了，大家可以去找適合自己的來看。至於本書為什麼要把奧修大師的教導放進來？我個人認為，世間一切紛爭的起點，所有問題混亂的根源，都起因於沒有靜心，靜心對我們真的很重要，任何的宗教教法，到最後都會要我們回歸到自己的中心，而那個中心就是靜心，也就是「空」。

現代人的EQ都太好了，好到連喜怒哀樂這些情緒的感覺都失去了。我們為了怕別人看穿內在真實的自己，為了在職場或人際關係裡生存，因此，當你生氣時，你反而微笑；當你妒忌時，你反而表現大方；當你恐懼時，你反而表現更勇敢。這一切的一切只為了想隱藏真實的自己，其實是我們戴了一副美好的面具。剛開始，或許是環境逼迫使然，為了求生存，我們必須這樣做。面具戴久了，我們開始認同面具，這個面具變成了我們的一部份，幾乎讓我們忘了它的存在，而我們的所有情緒，都隱藏在笑臉後

面。

久了，外在世界與內在世界產生了不和諧的結果，就累積成情緒壓力，這些內在的情緒壓力久了會變成身體的毒素，這些累積的情緒壓力會變成自由基，靜靜的等待一個適當的時機引爆，而這正是外在衝突的由來。

當然，靜心的目的並不是要你去做一位毫不能控制情緒、喜怒無常的人，或者是成為日常生活中的不定時情緒炸彈，而是提供一個安全的舒適空間，在這裡，你可以藉由這許許多多的靜心工作，把內在的壓力宣洩出來，讓情緒有一個正確的抒發管道與出口，不需要再選擇痛苦地壓抑著，透過靜心的釋放，情緒找到一個出口，再度找回真實且平靜的自己。

奧修門徒創立的心靈工作坊

目前，台灣已出現許多由奧修門徒創立的心靈工作坊，透過各式各樣的「靜心課程」、「靈性按摩」、「前世催眠」、「蘇菲舞蹈」……等等，將奧修大師推廣愛與靜心的觀念傳達給大眾，你可以不用長途跋涉奧修大師聖地，也可以給自己一個充滿靈修氣息的空間，你可以就近找到這些中心，就可以跟著團體一起做靜心。

奧修大師說過：

「早上練習活躍的靜心幫助較大，晚上則練習比較寧靜的靜心，當你從白天移到晚上，就像是從外在移到內在，從主動移到被動那樣。」

靜心可以將你帶入你的本性，幫助你去除所有的性格異常，使你清明，使你產生愛心，使你產生自發性，使你成為對你自己與對存在的祝福。

在奧修門徒所創立的心靈工作坊中，你可以用自己所有的能量投入修習的技巧，跟隨著能量移動，享受它，像個小孩子一樣地玩耍，打開心胸，拋開嚴肅的態度來進行。剛開始時或許做得不夠自然，不過沒關係的，沒有人會注意你做的對或不對，只要對自己沒有過高的期望，就不會有任何壓力，享受靜心過後的頭腦放鬆，瞬間你就會

發現，頭腦的念頭變得少一些，這使得寧靜容易來到你的身邊。

當然，淨化的第一件事是「發洩」，否則光是做呼吸運動，光是靜坐都是不夠的，奧修大師設計的靜心有動態的也有靜態的，透過這些各式各樣的靜心，可以讓你的能量達到平衡狀態。以下介紹幾種簡單的靜心技巧給大家參考：

一、亂語靜心

奧修大師所設計的靜心技巧中，有一些靜心真的很有趣，「亂語靜心」就是一個很好的例子。聽說在好幾百年以前，「亂語靜心」是由一位蘇菲神祕學家，名字叫吉伯利（Gibbere）第一次使用的，奧修大師將它修改成更合乎現代人使用的靜心方法。

亂語（Gibberish）是一個高度發洩壓力的技巧。我們非常習慣於用語言來表達一切，漸漸地，感覺明明就在那裡，我們卻都無法真正去感覺它，語言就進來了，所以亂語靜心要製造一個空間，當語言已經無法表達出內心感受的時候，我們只好用心去感覺，相信大家小的時候，都玩過這種亂說話的遊戲，小朋友真的比較容易享受在其中，而且容易放鬆。

使用「亂語」技巧，要閉起雙眼，可以一群人做，也可以一個人做，開始時要從嘴巴發出一些無意識的聲音，而且不能聽出有語言的字音，剛開始說的不太順暢，或有時會不小心說出一些聽得懂的字，沒有關係。為了要把亂語說好，頭腦會變得必須專注在所做的事情上，頭腦變得無法喋喋不休，這真的很有趣。「亂語」說到最後，會有一些情緒跑出來，既然語言已經無法表達心中的感受，那麼需要被表達的感情，只好透過肢體與表情，來表達裡面想要表達的東西，內在的垃圾會一一的被丟出來。如此一來，在持續亂語十五分鐘之後，躺在地上十五分鐘，就會感覺與大地緊密地連結。

做奧修靜心有一個好處，不管你做出何種動作與表情，都沒有人會去管你，每個人都專注在他自己裡面，在那個片刻，你可以全然地

經驗你自己，你不必再跑到外面去，在自己裡面，你完完整整地存在。

二、亢達里尼靜心

「亢達里尼」是一個生命力的通道，在東方，它常常被視為是一條捲曲的蛇，從身體的海底輪向上移動，海底輪是身體的第一個能量中心，位於骨盆腔、脊骨的底端，當能量被喚醒的時候，會延著海底輪順著脊椎往上通達頂輪。

「亢達里尼」靜心是最普遍與最強而有力的靜心技巧之一，有很多「亢達里尼」的能量，會在你的裡面甦醒，這個靜心如果是一群人做的話，能量會比較強，當然一個人做也可以。這個技巧分成四個階段，每個階段十五分鐘，前面三個階段需要音樂的搭配，最後一個階段則是靜靜的躺著什麼也不做。

第一個階段：十五分鐘。讓身體的手和腳開始震動，手和腳是身體神經末稍所在之處，透過手和腳的震動，讓全身也開始震動起來，身體會有它自己的智慧，當你這樣做了幾分鐘之後，身體會開始以它自己的方式抖動，只要你保持輕鬆，那個抖動會從你的雙手和雙腳震動開來，這個震動會有它自己的速度與韻律，直到你變成了那個震動為止。

第二個階段：十五分鐘。身體的能量被喚醒之後，會有一種全身充滿能量的感覺，這時可以開始透過跳舞和慶祝，來表達任何被喚醒的能量，能量會透過跳舞而散佈出來。

第三個階段：十五分鐘。閉著眼睛，或站、或坐完全靜止十五分鐘。

第四個階段：十五分鐘。閉著眼睛，躺下來十五分鐘。

三、哭笑靜心

這個靜心技巧也很好玩，推薦大家都來玩玩看，一般來說，我們笑的時候多半是用來消除緊張，嘴角微微的牽動上揚，我們很少會因為沒有任何原因而笑，也無法大笑，我們在笑的時候感覺不到快樂，即使在笑裡面也會隱藏著痛

苦。「哭笑靜心」分成三個階段，每一個階段都以十五分鐘為單位。

第一個階段：十五分鐘的大笑。剛開始大家都很「ㄍㄧㄥ」，不太容易放開來大笑，過了一會兒，笑久了之後就會很溶入那個笑聲中，什麼都變得很可笑，這時才會真正的開始放開來笑。笑其實也有很強的能量，笑久了真的感覺很累，連眼角都會流出淚水來，笑到最後反而會想哭。

第二個階段：十五分鐘的大哭。剛開始哭的時候，真的有很多情緒可以拿來哭，哭久了也會變得很累，反而一點也不想哭了。當所有的情緒被滿足了之後，來到了第三個階段。

第三個階段：十五分鐘。閉上眼睛，躺下來，你會很享受在那個當下所有的靜止，你終於完完全全的放鬆。

四、祈禱靜心

奧修大師曾提到，溝通分成四個層面：「性、愛、祈禱、和靜心」。

最低的層面是「性」，它是二個身體之間的溝通，是物質肉體層面的溝通。「愛」的層次更高一些，它是二個頭腦、二個靈魂之間的溝通，是屬於心靈層面的溝通。然後是「祈禱」，「祈禱」是你和整個存在之間一個很深的溝通，那是很深的愛，但仍然有二元性的存在，你是你，神是神，你們是分離的。最後一個是「靜心」，在靜心當中這個二元性被停止了，你不是跟你自己以外的神溝通，而是跟它合而為一，所有的東西都靜止了，你跟所有的一切成為整體，緊緊合而為一，這是最高層面的溝通。

從頭腦出來的能量，從來沒有辦法被溝通，先是比較，再來則是批判，頭腦只會製造混亂、製造爭端，讓這個世界無法祥和。情緒也沒有辦法被溝通，情緒只會製造受害者，然後再出現一個加害者，最後還會出現一個拯救者，這些人最後形成了一個戲劇化的故事。

在祈禱靜心裡，你必須舉起雙手朝上打開，頭朝上向著天空，就好像打開雙手的漏斗去承接能量，

能量會向下流到你的手臂，流進你的身體，感覺能量在你的身體裡面流動。兩三分鐘之後，當你完全感覺到能量充滿身體時，跪下來把能量倒向大地，親吻大地，讓能量流回大地，回到它的源頭，讓神聖的能量與大地結合。

做這個靜心的技巧最少不能少於七次，好讓身體的每一個能量中心都能打開，最好在晚上或早上一起床的時候做，在幽暗的房間裡做這個祈禱，做完之後休息十五分鐘再睡覺。

奧修大師曾說：

「祈禱是一個能量現象，而不是奉獻給神的現象。祈禱是一個感覺，一個隨著自然的流動而形成的感覺，如果你想要說話，就說話。祈禱不會改變神，如果你一直認為，當你祈禱時，神的頭腦將會有所改變，或對你施予更多的優惠的話，那你就錯了。不！祂不會對你或對別人偏心，唯有當你可以跟廣大的天空，或是和整體在一起的時候，它們才能夠跟你在一起，除此之外，沒有其他祈禱的方式。」

以上這些常見的靜心活動，在全省各地的奧修門徒所開設的中心裡，都可以被體驗，只需要付一點場租的費用，就可以盡情的體驗這些內在情緒釋放的暢快淋漓感受。對現代人來說，你可以不需要選擇壓抑，也不需要在意別人投射來的異樣眼光，所有的靜心活動都是靜默進行的，你必需把注意力放回到自己的內在，注意自己內在的發生。

現在的人總是嘰嘰喳喳頭腦動個不停，嘴巴也說個不停，在這裡做靜心，你會感到一股寧靜，沒有互相討論的必要，也沒有互相交談的必要，你只需要把能量專注在自己身上，專注在自己的內在世界裡，做靜心然後觀照內在，當你的內在世界變得詳和，外在世界也會跟著詳和。

在奧修門徒所設立的中心裡，你的內在會因為這些靜心而感到安靜下來，沒有人會去批判你的不是，因為每個人都專注在自己身上，只要你不要妨礙到別人，沒有人會去注意到你，正因為這樣的包

容，反而你會感到一股被支持的感覺，與感受到寧靜的自由，奧修的靜心技巧，正可以提供您一個宗教之外的選擇，這正是本章節之所以要介紹奧修所發明的靜心的目地。

Depth of My Heart

Hidden Sources

奧修V.S. 遇見寧靜
收錄於光　靈氣　靜心與舞蹈4CD

印度普那社區吸引了來自世界各地的自我探索者，許多人就在這裡蛻變為靜心帶領者。葛帕（Gopal）和德瓦帕斯(Devapath)即是我所認識的兩位極受歡迎的國際性導師。加拿大籍的葛帕是一位旅居印度並結合靜心與自我催眠的心靈導師，印度古老的樂器迪爾魯巴（Dilruba）琴則是他最獨特的靜心。迪爾魯巴具有「偷心者」的美名，公司的同事第一次聽到這種樂器，也大為傾心。迪爾魯巴的震動能量場相當奇妙，就如普那社區一樣，讓原本陌生的人相逢在一個超越語言和疆界的國度裡。

奧修V.S. 神聖舞蹈
收錄於光　靈氣　靜心與舞蹈4CD

神聖舞蹈是奧修非常喜愛的靜心活動之一，也是我個人相當喜愛的靜心活動。每次進行這種充滿覺知品質的靜心舞蹈時，都會使我在清晰與清醒中，與自己連結。這張靈性奇人葛吉夫的音樂結晶，是我們經常在舞蹈前帶入靜心的音樂，充滿覺知力。

台灣各地奧修中心一覽表

名稱	地址	
奧修資料中心	100 台北市臨沂街33巷4號2樓	
奧修資訊中心（創見堂）	100 台北市重慶南路一段75號11樓	
奧修花園靜心中心	251 台北縣淡水鎮沙崙路156巷6號1樓	
奧修新好命藝術工作室	日月潭青年活動中心	
奧修資訊中心	80457 高雄市鼓山區美術東二路60號1樓	
耕心文教中心	30041 新竹市中央路267號3樓	
秘密花苑 靈氣靜心中心	35341 苗栗縣南庄鄉東村中正路3巷2號	
蘇克拉奧修靜心中心	40359 台中市美村路一段462號B1	
聖風靜心教學中心	40254 台中市南區仁和路258號2樓	
沙緹亞台中靜心中心	40349 台中市中美街22號13樓之1	
奧修台中資訊中心	40763 台中市西屯區福雅路111巷32號	
還原身心靈工坊	60042 嘉義市國華街123-10號3樓之2	
奧修台南靜心中心	70957 台南市安南區郡安路5段31巷2弄2號	
蘇菲色彩能量工作室	80043 高雄市新興區金門街107號3樓之5	

	電話	傳真
	02-2395-1891	02-2396-2700
	02-2375-1471	
	02-2805-7959	02-2805-4822
	0911-176-409	
	07-553-4321	
	03-535-7546	03-535-7545
	03-782-2325	03-782-2325
	04-2375-5350	
	04-2280-5866	04-2281-0661
	04-2378-5158	
	04-2462-6692	
	05-222-0905	
	06-250-9021	06-250-9021
	07-223-4626	07-223-4626

第四章

美妙的光線治療
——彩光針灸

我第一次聽到彩光針灸，是在十餘年前，母親在日本接受彩光針灸治療之後，跟我提起的。當時她告訴我，這個療程很舒服。

幫她做彩光針灸的人是一位奧修門徒，她非常喜歡這種療法，可惜治療的地點離母親住的地方很遠，每次去接受治療，加上來回的車程，都要花上一整天的時間。因為母親的接觸，使我對彩光針灸留下了很深刻的印象。此外對我來說，光聽到這個名詞，就讓我覺得這種療法很美、很美。

有一天，在無意之中，我發現有台北有個中心在教彩光針灸的課程，禁不住內心的好奇，就去上了一堂課，想親自去體驗、體驗。巧的是那課程的名字也很美：「彩光針灸靈魂靈性色療法」，這名字聽起來多有靈性！

對我而言，那次在課堂上是個很大的驚嚇，我沒料到自己對光線的反應，竟然如此之強烈。還記得在課堂上，同學們分組互相做練習時，我們做了一個疼痛橢圓的療法。這個療法與身體的疼痛並沒有直接關係，疼痛橢圓是用來測試心靈上的疼痛程度，每一圈各有其不同的含義。最後，當粉紅色光筆照在我的頭頂上時，天啊！我竟然強烈地頭暈，當時我才知道，原來對於愛，我竟然如此排拒，「愛」會使我頭暈。

接下來的測試結果更令我傷心。不知道是不是第一次做彩光針灸的關係，每一次只要光線照到我頭上，我不僅都有感覺，而且每一圈我都很不舒服。測試結果出來，

果然真的很不好，我「沒有活出生命的潛能」、「沒有做自己」、「對愛會感到暈眩」。

回家後我狂哭了一場，回顧自己從小到大的人生。自幼父母離異，所以我很不快樂。身為老大的我必需幫母親分憂解勞，這輩子，我對自己的將來從未懷有過夢想。對我而言，人生有太多、太多的限制，就像一本已經寫好的劇本，在那兒等著我上台演出。而我，完全沒有挑選劇本與更換角色的權力，我的確從來沒有做過我自己。

當時，我就下定決心，這輩子要做一件令自己感到開心的事，於是，我把銀行裡的錢領了出來，一次把學費通通付清，下定決心要好好學習彩光針灸。這是我第一次花這麼多錢去做自己喜歡做的事。重點是，我終於肯為自己的快樂感受而努力。那一刻，我發現一股暖暖的愛，在我心中慢慢升起，雖然只是小小的暖流，但當時我就理解到，有一天，這一股股小小的愛的暖流，終必匯集成巨河。

彼得‧曼戴爾小傳記

發明彩光針灸（Colorpuncture）的彼得‧曼戴爾博士（Peter Mandel），本來從事自然療法、脊椎矯正物理治療，也是一位針灸師。他所建立的彼得‧曼戴爾神祕能量醫學中心，位於德國布魯塞爾，專門從事自然療法的相關研究、國際性訓練工作以及臨床治療。

曼戴爾博士的彩光針灸，奠基於兩個理論：一、人體細胞是透過「光」來溝通的；二、不同的顏色的光攜帶不同的訊息。彩光針灸的原理，便是以不同顏色的光線照射人體穴位，將顏色所攜帶的訊息送入人體，以調整細胞所發出的微弱生物光，進而取得身心平衡。

曼戴爾博士對光線非常著迷，他關注世界各地對光線的最新研究進展。針灸學上的經絡、穴位會發出光來，這已經得到中國和蘇俄的科學家們的證實。曼戴爾博士也受到德國生物物理學家波普博士（Dr. Fritz Albert Popp）的影響。波普博士在研究人體細胞如何相互溝通方面，貢獻卓著。

認識彩光針灸

　　彩光針灸（Colorpuncture）的創始人，是德國的彼得・曼戴爾博士（Dr. Peter Mandel）。據說彼得・曼戴爾博士小時候曾經從樹上摔下來，摔得頭破血流，連醫師都說這孩子可能救不活了。沒想到，彼德奇蹟似的活了下來。之後，彼得像是頭腦接上了天線一般，變成了天才，發明了在穴道上照射各種不同顏色光線的光療技術，是一種涵蓋廣泛的診斷與治療系統的技術。非但如此，彼得・曼戴爾還像通靈似的，發明了許多不可思議的心靈療法。他幫這些療法取了各種不同的優美名稱，像彩光針灸中的「傳導體傳播療法」是用光線來開啟頂輪的技術，據說還能夠掃除個人的因果業力，光聽到這個名稱，就已經夠讓人驚艷了。

人體細胞透過光來溝通

　　影響彼得・曼戴爾博士至深的德國生物暨物理學家波普博士（Dr. Fritz Albert Popp），也曾經研究所有的細胞結構，並得出：「細胞都是透過光來溝通」的結論。所有的細胞都在不斷地發放並吸收微量光的電磁輻射，稱之為「生物光子」。一個正常細胞所發出的光度，相當於二十五公里外一燭光所傳來的光度。波普博士形容有一種光持續不斷地在人體周圍舞動著（相當於神祕學所謂的氣場或光場），而且，當一個細胞受到某種干擾時，細胞周圍的光的振動會變得不和諧。這不和諧的光也會嚴重影響到鄰近細胞的振動模式。

　　彼得・曼戴爾博士當初會有將顏色光導入人體的構想，是來自於既然人體會從皮膚細胞發出有顏色的光（亦即所謂的氣場或光場）來，而且這些顏色還能反應出人體內部的狀態，那麼，如果透過皮膚將顏色光傳入人體，應該也會影響到人體系統。於是，他開始從事實驗，果然發現確實有效果，而且，他也發現穴位是最容易接收光的刺

激終端點。

自六〇年代起，彼得·曼戴爾即非常專注地致力於新療法的研究，探究的題目，主要是在大多數疾病的根源，也就是：人的潛在意識。他的療法包括：彩光針灸、疼痛療法、克里安能量攝影分析法等。彼得·曼戴爾認為，他的任務不只在於治療生病的人，主要還在採取預防措施。這些療法背後的唯一信念是：若有可能的話，在人類還沒有開始生病的時候，就先發現可能導致病變的原因，然後加以排除。

在後來持續的實驗中，他也發現，人不只肉體或生理層面會受到顏色光的影響，甚至情緒的層面或精神層面也會受到影響。至於哪種顏色具有哪種訊息，在哪個穴位上會有哪種影響，曼戴爾博士相繼整合針灸等現有的各種相關資料及實際的臨床案例，逐步確立了彩光針灸療法。

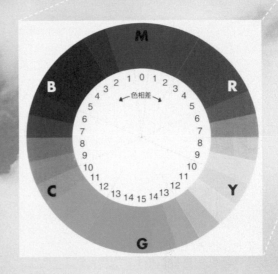

人體對光線的反應及功效

運用有色光的彩光針灸療法，具體來說具有什麼效果呢？隨著顏色種類的不同，效果也各異其趣。

紅色：主要針對貧血、氣喘、喉頭的疾病、慢性咳嗽、皮膚病等有作用。一般來說，可以提高循環機能。

藍色：有緩和各種疼痛的作用，可以減輕、緩解頭痛、偏頭痛、胃痛、肌肉僵硬等症狀。

綠色：作用於內分泌腺，可以使內臟器官鬆弛，促進毒素的排

除。也可以讓支氣管炎、百日咳、關節炎、糖尿病、膿腫等症狀逐漸好轉。

橘色：可以使心情變得明亮、快樂。對精神疾病、憂鬱、不滿、悲觀、食欲不振、厭食症、動脈硬化、貧血等疾病，產生效果。

紫色：在肉體方面對淋巴系統、內臟等有正面的作用，對精神面也有影響，可以使頭腦深度放鬆，加強直覺力和想像力，有調整精神與肉體關係的作用。

黃色：可以促進新陳代謝，活化分泌腺機能，促進胃液分泌，強化神經系統等作用。具體而言，對分泌腺的疾病患者、淋巴系統的疾病患者能發揮改善的效果。

傳統中國醫術到了西方大變身

彩光針灸透過中國傳統醫學的針灸穴位，將有色光線傳入經絡系統，效果與針灸類似。彩光針灸認為透過經絡系統來平衡能量流，可促進身體的健康，不同的只是針灸

是用針來運轉生命能量（氣）；而彩光針灸則是運用光線的不同頻率，將新的訊息導入身體，以達到相同的效果。由於彩光針灸屬於非侵入式的療法，因此，在照光的過程中非常舒服，也為能量醫學提供了另一種嶄新並且獨特的新里程碑。

彩光針灸所運用的許多穴點，都是取自傳統的針灸穴點，一部分來自像足底反射區等的全息律系統，或是機體動力學（kinesidogy），另外也有彼得·曼戴爾博士在臨床治療中所發現的新穴點。由於彩光針灸的每一種有色光，都具有不同的波長或頻率，當有色光接觸到皮膚，就被詮釋成脈衝，這些不同的振動頻率，便能以光速沿著經絡系統送入能量，並到達腦部。

彩光針灸的治療具有多重層級。治療的開始通常會將焦點放在身體及能量流的平衡上。彩光針灸也有多種治療選擇，包括：解除壓

力、促進放鬆的療法、釋放累積在身體裡的毒素排除療法，或是在慢性期重新建立能量系統的療法，另外，還有針對各個臟腑的功能圈療法。

這些生理層面的治療，可以將人的能量系統重新準備好，以進入更高層次的治療中，這樣能量體才能接收到更高層次的訊息。除了光譜色的光筆外，之後還有更進一步的靈魂靈性色光筆，將用來清理來自子宮期、童年、前世的創傷所造成的能量堵塞，並且幫助受療者接收有關個人人生使命的訊息。

彼得‧曼戴爾的整個彩光針灸體系，透過幾百場的演講、研習班、書籍、報紙、廣播以及電視的介紹，推廣到全世界。當然，大師級的地位絕對不是這麼簡單就從天而降，作為一位治療師的經歷儘管令人刮目相看，但這不全然是他載譽全球的最大原因。彼得‧曼戴爾博士第一次的亞洲之旅，使他靈光一閃地開拓了自己的哲學思想模式、發現了更新的治療方法，因而

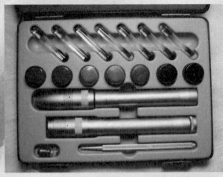
彩光針灸儀。

造就了彼得‧曼戴爾本人及他所使用的方法之獨特性。

當時，他在香港和印度學習針灸，透過比較、檢驗，一步一步地發展出一種「新的療法」，將傳統知識以及一些臨床上成功的診療系統，與最新的科學知識以及可行的技術結合在一起。這讓他所傳授的理論，在診斷和治療方面都開啟了全新的概念與觀點，例如：彩光針灸、疼痛療法，或是衝突解決療法。今日，這些療法在都已經成為彩光針灸中不可或缺的重要概念。許多的同行包括：醫生、牙醫師、治療師與物理治療師，都會採用這些方法，並且將其作為現代醫學的

輔助療法。與醫院的緊密合作——尤其是新開發的疼痛療法，為新療法與現代醫學之間的互補合作，跨出重要的一步。

克里安攝影術EEA能量放射分析新發現

　　1973年，彼得‧曼戴爾博士開始對克里安攝影術進行實驗。加上具有科技知識背景的弟弟的配合，今天已名聞全球的EEA能量放射分析終於面世了。這項研究主要是找到人體最大的表面電荷聚集處，就在每個人的手指與腳趾的尖端。而根據古中國針灸經絡穴道醫學，人體各條經絡氣血循行的起始點與終止點，也同時座落於手指尖與腳趾尖上，這些指端表現出與體內各臟

關於「能量放射分析照片EEA」

能量放射分析照片EEA，具備了下面幾個作用：
一、對疾病導因的認知
二、對選擇療法的指示
三、對生理狀況改變的觀察。即使過了一長段時期，也能持續觀察治療的過程與效果。
四、對治療方法有效性的即刻驗證

EEA能量放射分析攝影的檢驗方法
　　早在疾病的症狀出現之前，人們的生理能量已經受到了干擾。而於此前期階段，一般的臨床檢驗方法，並無法得到任何的檢驗結果，這就是所謂的「孵卵」期。但是，在能量放射分析照片EEA上，能量的變異情形早已呈現在眼前。這也能由其它如傅爾電子針灸術等方法，來測出能量改變的狀態。
在診斷之初，治療師必須先找出病患疾病的歸類，彼得‧曼戴爾博士已定義出三大類能量的放射品質。所有的疾病都可以歸類於這三個類群之中：
　　第一類群：內分泌放射品質
　　第二類群：毒素放射品質
　　第三類群：退化放射品質
如果在能量場可能改變的區域呈現不規則，則該生物體應歸類於第一類「病情最輕」的內分泌型類群。如果在幾年之中不規則又持續地增加，就會由第一類進到第二類「較嚴重」的毒素型類群，或是進入最後的第三類「退化型」的狀態中。第三類群的放射品質，會顯示出更嚴重的病情狀況。現在，就讓我們來瞭解一下這三個類群的放射情形。

一、內分泌型放射品質
　　內分泌型放射品質呈現的是自主神經系統功能減弱。屬於此一類群的人，具有緊張、焦

腑器官相同且一致的能量狀態。

於是，能量放射分析（EEA/克里安攝影），便成為在進行任何彩光針灸醫療之前的診斷工具。彼得‧曼戴爾博士更發明出各指能量放射光環所代表的主要意義，而且將疾病的發展分成幾個大類。

在能量放射分析裝置的高頻電場中時，電子不斷自手指與腳趾湧出，並加速匯聚於攝影照片上。如果該能量流沒有受到任何干擾，則環繞於各個指尖如纖毛般的光環，就會呈現出封閉的狀態，所以，在照片上其光環就不會有任何缺口或所謂的「窗口」。

總之，如果身體的能量有所阻塞時，相對應的經絡有時就會不通，或至少能量流會減弱。在這種慮、還有壓抑等特質。病患總是抱怨自己的循環上有些失調，頭痛，腳冷，手汗，消化問題等等，心跳甚至跳得比平常還快。大多數情形下，這些人的診斷結果是「自主神經系統失調」。

治療方法：療法成功的關鍵在於，將「穩定賀爾蒙及免疫系統」與「同時處理病患的各項不適」同時納入考慮。除非病患的各項不適，能夠以上述方式處理，否則病症將難有圓滿的結果，而且也只會出現短暫的恢復現象。

二、毒素型放射品質

這類型的放射品質，可藉由纖毛狀光環上附帶有黑點這樣的特徵，而被辨識出來。這些黑點所在的位置極為關鍵。病情惡化的程度，也能經由對整張照片上，此類特徵的濃密程度適切的掌握，而得到適當而有效的處理。即使在此毒素放射型的階段，在一般的醫學檢驗裡，通常也檢查不出什麼結果來。

總之，此類病患經常抱怨一些持續性發生的問題，而且通常在他們的整體功能的表現上，早就已經嚴重受限了。

三、退化型放射品質

此退化型放射品質的階段，是由整張照片上能量粗厚，集中的狀態而得知，此外，還可以從光環外的光芒減少或消失的特徵來判斷。各種疾病在此也有不同的階段，正如同其他二類的體質一樣，照片上所呈現的現象，通常指示出退化型的疾病，例如：動脈硬化，風濕病變，痛風，器官受損……等。

這個階段的治療目標，在於必須將病患拉回至毒素型甚至回到內分泌型的體質當中，所以，此時必須要減少體內的酸性，排除體內的毒素，以及強化免疫系統。遺憾的是，通常所見到的大都是在服用過各種各樣的對抗性藥物之後，出現了反作用，而其體質已進入此類退化型放射品質的患者。

在這種情況下，應避免使其繼續退化，而使其得以再生的治療措施。

情況下，從能量放射分析照片EEA上，就可見到在纖毛狀光環上，相對應的區域產生缺口。即使是心理上的問題或困擾，也會導致人體經絡循行系統上的能量阻塞，而從能量放射分析照片EEA上，就會發現非常大的能量散失狀態。

今天，彼得・曼戴爾博士已經成為世界知名的治療師與講師。他在全歐洲、美國、印度、日本、中國、澳洲發表演講以及開辦研習班，同時與許多有名的科學家以及機構合作，例如：生物光子研究者波普教授（F.-A. Popp）以及中國的杭州大學。彼得・曼戴爾博士是阿拉木圖（位於俄羅斯）「另類醫學學院」（Medicina Alternativa）的榮譽博士，Grieshaber基金會整體醫學學院（Akademie fur Ganzheitliche Medizin）榮譽院士，以及1997年成立於Worms的「醫學與革新療法學會」（Akademie fur Medizin und reformierte Heilweisen e.V.）的創始會員及副主席。

體驗彩光針灸的「傳導體傳播療法」——找回與神性的連結

「傳導體傳播療法」，是彩光針灸中最具有力量的療法之一，也是神祕能量醫學的極致，這個單元通常被獨立出來使用。對當事人來說，這是一趟光線與靈魂之旅，由光線帶領你走一趟神祕的內在奇妙旅程，在這裡，你將會經驗到有如進入禪定一般的永恆寧靜，在進行這個療法時，有些人會有一些自發性的回溯與看見，或憶起傷心的往事或前世經驗……等等，這些都是很常見的現象。

「傳導體傳播療法」是在我們的頭頂上（頂輪）工作。我們知道頂輪是進入上天之門，這個脈輪是我們與老天的連結管道。人類在地球上生活得太久了，以致於忘了我們本是神的一部份，我們以為我們都是獨立的個體，但其實是因為與上蒼失去了連結。透過這個脈輪的開啟與治療，可以喚醒自身神性意識的覺醒。

我們的頂輪隱藏著許許多多的奧祕，在頂輪打開之後，很容易就會讓我們對自己的靈性一覽無遺。我自己在「傳導體傳播療法」的個案中，有極為深刻的體驗。

在那次個案之中，我無意間看見了我的生命之河，每一個挫折都被比喻成河中的大石塊，石塊與水波交會，激起了陣陣的漣漪與浪花。當河中的石塊越巨大時，所激起的浪花流越是巨大，巨大的浪花代表著我們對挫折的反應。通常我們對挫折的反應，是一股巨大且厚重的情緒能量，反而快樂與喜悅的能量，較為輕盈、不容易被感覺到。

只要仔細地去觀察一條河流，就可以明白很多事情。當生活中大大小小的挫折來臨時，通常能激起我們對挫折反應的，是一股巨大的生命能量的展現，那股巨大的生命能量不是來自於別的地方，那股巨大的能量正是來自於你的海底輪，你的生命靈蛇：「亢達里尼」，你的「亢達里尼」正是從底輪通往所有脈輪的能量，滋養了所有的脈輪中心，然後聚集成更大的力量，延著脊椎往上衝到頂輪的「覺悟」資糧。

藉由觀察一條河流我們就會發現，不管河流遇上多麼大的巨石阻礙，生命總能像水一樣的柔軟，即使是岩石小縫，河水都能伺機穿越阻礙，順勢而流，就如同生命總會自己找到新的出口一般。

很難描述做彩光針灸傳導體的感受，隨著頂輪被開啟，獲得了靈性上的突破性成長和跳躍，每做一次彩光針灸傳導體，就回顧一次生命中的痛處。這些日子以來，我不斷地思考「生命的本質到底是什麼？」「生命的真諦是什麼？」然而，就在某一天，答案就在一次進行「傳導體傳播療法」的個案中顯現了。它來得如此突然，我只知道這些生命中的巨大傷痛能量，將我推上了此生的高峰，我突然明白了這輩子最重要的一件事情，那就是：與累生累世的傷痛突然產生了一個連結，我知道自己等待的，正

是這一刻的能量。

那是一次偉大的瞥見，至今我仍無法具體地用文字表達出全貌。我的頭腦裡有一個巨大的發生，突然看見了自己的生命之流，那是一條與時間一同存在的長帶，我看見了所有生命之流中的石塊，大大小小的石塊橫亙在河流之中，河流的上游是我的前世，河流的下游是我的未來，自己在河流的中段觀望著，而河流的中段正是我的現在。

就在那麼一刻，有一個不經意的洞見，激發了我對生命的新領悟。我看著這條河流中大大小小的石塊，巨大的挫折如同大石塊般，激起了生命中巨大的浪花，巨大的浪花伴隨著巨大的能量，石塊越大，水流所衝擊的能量越強。這條生命之河，因為這些石塊的衝擊，充滿了大大小小的能量。

我似乎明白了些什麼？生命中的疑問？挫折到底在生命中帶給我什麼意義？所有一切的疑惑，一瞬間我通通明白了；明白所有的挫折，無非是為了激起這巨大的生命浪花，那正是生命的「亢達里尼」。如果生命一直是平順的，我將無法儲存現在這麼多的能量，這些巨大能量將我推向頂輪的高峰。

雖然在一瞬間全然的明白，但就在同時，河中的石塊突然變成一團又一團的白色光芒，然後白色光芒瞬間放大，能量開始相互串連起來，最後變成了巨大的白色能量帶。剎那間，白色能量帶突然大放光明，好似一條美麗耀眼的鑽石銀河帶，一閃一閃發出晶燦光芒，最後，慢慢地消失不見。

這些巨大的能量等的正是這一刻，我的生命得到了重新的整合，我明白自己過去所有累積的傷痛通通消失了，我變成了一個全新的人。過去的傷痛再也無法絆倒我，沒有了過去的包袱，我終於自由了，並且擁有新的能力去開創我嶄新的未來。

這個發現對我而言，意義重大，它並非代表過去的不快樂全部

都消了磁。相反地，我了解自己已經可以與過去的傷痛和平共處，我突然明白，傷痛既然已經發生了，它就會一直都存在著，不論自己怎樣努力的消滅它，或是想努力的拋開它、遺忘它，都將是徒勞無功。因為過去的我，成就了現在的我；現在的我，將成就未來的我。我可以重新賜與傷痛一個新的位置，用自由的觀點來重新看待它們，這讓我獲得了一個很大的放鬆。

這些傷痛正是開啟我頂輪智慧的生命能量，它將會被昇華成為一個經驗，過去的經驗就只是經驗，過去的經驗已經過去了，沒有辦法再絆倒現在的我；快樂的經驗與傷痛的經驗，對我而言都是一樣的。這些傷痛也都是「亢達里尼」能量的展現之一，我不需要去排斥這些不好的情緒，反而正因為有了這些經驗，激起了我生命中無數的漣漪，形成了巨大能量，這個新的領悟，會將我的生命，推升到一個頂輪的新層次，我由衷地感激這一切的發生。

彩光針灸V.S.寂靜中的幸福
收錄於媽媽寶寶的幸福時光4CD

就我所知彩光針灸與音樂的連結較少，不過聽說彩光針灸在進行時，是相當安靜的，所以我腦海中隨即浮現出《寂靜中的幸福》這張CD。這張CD的旋律非常輕柔流暢，能在不知不覺中安撫身心、釋放身心的疲累，在深深的放鬆中，感受到與自然寂靜相融的純淨幸福。

彩光針灸傳導體傳播 ── 開啟頂輪智慧之鑰

指導老師：Leela

巨蟹座，是部落格世界中極受歡迎的人物，也是個認真生活、喜歡分享心得的人。興趣是閱讀寫作、音樂欣賞、遊山玩水、占星算命，本書作者。

【課程內容】

特色：

彩光針灸（Colorpuncture）是將顏色所攜帶的訊息藉由光筆照射到穴位上，以調整細胞所發出的生物光子微弱光線，來取得身心平衡的一種放鬆心靈的技術，是一種無痛非侵入式的光的饗宴。

傳導體傳播，顧名思義使我們聯想到，在頭頂架起一根天線，接收來自更高層次意識的訊息，這是彩光針灸最重量級的療法，將神祕能量醫學的精髓發揮到最極致。

方法是利用不同顏色的光筆，在我們的頭頂穴點照光，喚醒我們已經沈睡的靈性意識。靈魂在轉世學習的過程中，扮演著許多角色，每世轉世的執著之處，會成為痛點。從頂輪更高視野，更高的智慧來看待創傷，這些創傷會比較容易釋放，所以傳導體傳播療法也稱為創傷回朔療法。

內容：

這個療法總共有八圈：能喚醒我們對宇宙的意識覺知，使我們更清明地生活在當下。

第一圈：身體是神的殿堂，這一圈能與我們身體再度產生連結，明白身體與我們的關係，重新找回對童年的記憶。

第二圈：一生的故事，生命的旅程，靈魂通往開悟的故事。

第三圈：輪迴的四個階段，出生前、入胎、出生的過程，出生的家庭。

第四圈：最重要的一圈，是身體與神性的連結。在前4圈必需澈底洗乾淨，所以我們會在前四圈，花多一點的工作時間，最後才進入第五圈業力的部份。

第五圈：進入業力的部份，業力使我們在人生中受到限制與阻礙，這一圈幫助我們察覺到生命中所受到限制的部份，與我們的本源產生連結，與擴展生命自由意識有關。

第六圈：學習愛的生命課題。

第七圈：勝力之圈，是掃除障礙的一圈，與初生前靈魂的學習有關，這一圈幫助戰勝我執思考，將更多的洞察力帶入我們的生命，幫助自我做改變，使生命中新觀點和不同的新視野得以呈現。

第八圈：神祕的花朵，轉換生命中沈重的十字架。

上課地點：

費用：＄26400元，共12次為一個療程，每星期進行一或二次，每次進行時間約90分鐘。

網路報名：

高談部落格 http://www.wretch.cc/blog/cultuspeak

第五章

色彩的治療
———靈性彩油

在談彩油之前，必須先介紹我的大學老師——巴里。當時巴里老師教我們商業英文，班上同學都很喜歡上她的課，因為她非常有氣質，唇上總是擦著淡粉紅色的口紅，柔和的五官線條看起來很漂亮。她和她的雙胞胎哥哥謙達，都是奧修門徒。我們之所以喜歡她，是因為她有一種特殊的氣質，非常平易近人且真實，我們都想要親近她。多年後我才知道，一個常常處於靜心之中的人，正是這個樣子，她們的身體好像會發亮。

每次在課堂上，只要同學們快打起瞌睡時，巴里老師就會開始講她在印度的旅遊，來振奮我們的精神，我們喜歡聽她講這些趣事，勝過於上課。每年的寒暑假，她一定會去印度住上一段日子，只為了跟她的師父奧修在一起，她很愛她的

師父。奧修雖然已經不在人間了，但她仍然常常提起她的奧修師父。巴里老師從1988年2月成為奧修門徒至今，去了奧修社區——普那，達三十次之多，每次都至少停留一個月，最長還待過一年半，印度普那似乎成為了她另外的一個家鄉。

巴里老師上課的時候，偶而會跟我們提到她的求道過程。她曾說：「有一次在普那靜心之中，我觀照到自己一直活在別人的價值觀裡，為了當個好女孩、乖女孩，一直委曲自己而不自知。我這才發現，許久以來，原來自己活著都不是為了自己。」

她受到很大的驚嚇，瞭解到原來她自己是這樣的人，不愛自己，沒有做自己。於是，她走出教室，在花園裡嚎啕大哭了三個小時，之後坐在樹底下進入了深深的靜心。

第一次讓她感受到心中完全的寧靜，寧靜到根本無法說話。她坐在樹底下，跟樹一起呼吸，那是一次很美的神祕體驗。

之後，巴里老師在尋找自我的修行過程中，愛上了美麗的彩油。她發現彩油比你自己更瞭解你自己，你就是你自己所選擇的顏色，每一種顏色都蘊藏祝福與禮物。彩油甚至說出了你自己也不清楚的事情，赤裸裸地表現出你的感情。此後，她再也無法忽視內心的聲音，離開學校教職去發展另一種靈性上的追尋。她潛心鑽研彩油、推廣彩油，最後乾脆自己代理英國的靈性彩油，成了台灣彩油公司的老闆。我沒有想過多年後會在靈性成長界，與巴里老師再度相逢，我變成了她的彩油經銷商也開始賣彩油。

和老師再度以彩油結緣，起因於我大病初癒時，跑去找老師做顏色占卜，也就是彩油算命。老師要我挑幾個彩油瓶子，她再按照我選出的彩油顏色，解讀內在的訊息。沒想到，占卜的結果出乎意外，竟然是「雖然很像做自己，可是仍然不是」。我當時的震驚非筆墨所能形容，我一直以為自己花了些錢，

來自英國的Aura-Soma靈性彩油，共有107種，每一瓶都代表著不同的意義。（蘇菲部落Rafeeka提供）

學了幾種另類療法，上了一些課，就算是踏上身心靈成長之路了，我認為對自己算是夠好了，卻沒想到努力了幾年還是沒能做自己。要如何才能成為自己，要如何才能做自己？我對自己其實並不十分暸解，而小小的幾瓶彩油，竟然可以看穿一個人的本質？

巴里老師知道我沒在上班，怕我沒零用錢花，要我兼差賣彩油，於是，我也開始賣起了彩油。直到今天、二十年後的現在，我終於懂得了巴里老師當時在普那的心情。「做自己」是多麼困難的一件事，要完全的做自己，必需全然被尊重。

想要不受別人影響，並不是件容易的事，必須要有禪定的功夫。禪定的功夫不一定要枯坐在蒲團上，禪定的功夫就在日常生活裡，處處都是考驗，如果你的情緒常常受到別人影響，那就表示自己已經失去了禪定。

色彩及光的治療法

早在傳說中的亞特蘭提斯大陸時代，就有了對疾病施以顏色及光的治療方法。古埃及的太陽城是膜拜亞坦神的中心，城內有一座揉合色彩及光的治療神殿；在古代的中國，會讓罹患癲癇的病人躺在紫羅蘭色的地毯上，窗戶上掛著紫羅蘭色的輕紗，以減輕病人的不適；染有腥紅熱的病人，穿戴一身紅，用紅光來治療；結腸出毛病的人，塗抹黃色油彩，再以黃色的光透過黃色的窗簾來治療，以減輕絞痛感……。色彩及光的運用，在古時候即有記載。

近代能量醫學的核心就是指出「光線及色彩」。我們可以發現，藍光有降低血壓及腦波活動的功能；新生兒如果患了黃疸，就施以藍光來治療；粉紅色光可以緩和侵略性，因此監牢裡有時候會漆成粉紅色，以平靜衝動的囚犯情緒；二百多年前的大文豪歌德曾說過：「色彩背後隱藏著語言。」

靈性彩油的發明人──維琪‧渥爾（Vicky Wall）女士

1984年，一種新的色彩治療法

不同的顏色，有不同的治療效果。（蘇菲部落
Rafeeka提供）

誕生了，這種方法稱作：「Aura-Soma」。「Aura」的意思是指人體的「電磁場」，是一種圍繞在身體上下的氛圍；「Soma」是古希臘文，意思是指「身體」。這種治療法以107瓶美麗的方形玻璃瓶油彩來進行，是一種結合顏色、植物精華和水晶能量色彩的治療方法。這個系列是一位英國的藥劑師靈媒維琪·渥爾（Vicky Wall）所發展出來的，玻璃瓶子的上層為植物精油，下層為植物萃取液，上下二種顏色組合成一瓶一瓶美麗的彩油，又稱平衡油。

我們藉由一個人所挑選的彩油瓶子顏色，來解讀他的身心靈狀態。每一種瓶子都含有其特殊的訊息，每一種顏色也都代表了你的能量狀態。這些美麗的瓶子風靡全球，上下二種顏色的奇妙組合，令人看了愛不釋手。您知道嗎，靈性彩油的發明人維琪·渥爾女士，是一位雙眼失明的老太太，她到底是如何製作出感動無數人的美麗彩油呢？答案是：經由祈禱和靜心，她接收到了宇宙的訊息。

維琪·渥爾（Vicky Wall）女士誕生在英國倫敦，她的父親卡巴拉（Kabbala）大師屬於猶太的祕密教派。她是祖父第七個兒子的第七個女兒，繼承了自然療法、治療與植物醫學知識的天賦。當她還是小

女孩時，就已經能夠看見異象，具有通靈能力，是直覺特別發達的小孩。維琪‧渥爾經常和父親在倫敦的公園內閒逛，父親教導她許多藥草的知識。

1984年，維琪已經66歲，她的眼睛突然大出血，雙眼失明。維琪平時收集了許多各式各樣的天然藥材，放在家裡的小實驗室裡，有一天晚上，當維琪在祈禱與靜心之中，接收到了這種震撼的療法，她聽到這樣的聲音：「以水隔開來。」那是從上面傳來的聲音，她似乎受到了指引，雙手不由自主的動手做了起來，以家中貯藏的各式天然藥材製作出了這種令人目眩神迷的彩油組合，上層為植物精油，下層為植物的萃取物。

她的靈視力絲毫不受失明的影響，反之，透視色彩的能力比以前更強了。第一批平衡油誕生的同一年，維琪遇見麥可‧布斯，麥可擁有和維琪類似的治療和通靈能力，他成為維琪的眼睛及忠誠的助手。1991年，維琪‧渥爾女士去世，麥可‧布斯接手領導整個組織及生產訓練計劃，麥可也依照神所顯化的意志，製造出全新的處方，至今，平衡油的組合尚未齊全，仍在發展中。

Aura-Soma靈性彩油協助人們化解抗拒心，認為命運不過是機運而已，疾病被視為是路程的一部份。因此，安然的接受疾病的考驗，是邁向改變的第一步；讓自己變得更完整，疾病才能痊癒；用更多的愛去面對創傷與痛苦，並形成溫暖的互助團體，將顏色之光傳遞到更多人心裡，打開他們的內在光芒，才能讓他們成為心靈健康的人。靈性彩油的色彩，確實可以開啟人體的震動之謎，而且可以加以調和，以非常柔和的方式影響人的靈性、心理、情緒及身體。靈性彩

維琪‧渥爾女士，是一位雙眼失明的老太太，她到底是如何製作出感動無數人的美麗彩油呢？答案是：經由祈禱和靜心，她接收到了宇宙的訊息。

配圖彩油上層為植物精油，下層為植物萃取液，又稱平衡油。（蘇菲部落Rafeeka提供）

油可以成為求道旅程的最佳輔助品，幫助我們淨化、靜心。

Aura-Soma靈性彩油基本十四色的含義

一、紅色：充滿生命力的紅色，對應第一脈輪——海底輪，象徵著我們的熱情與活力，是我們開拓人生的原動力。紅色是所有愛的基礎，沒有了紅色，就沒有粉紅色的無條件的愛，也沒有紫紅色偉大的愛產生。紅色也包含了生存的問題，負面的情緒表現是憤怒、不滿等感情，正向的表現是熱情還有堅強。

二、粉紅色：粉紅色象徵愛，在給予別人的時候也接收愛，這是一種雙向的平衡顏色。粉紅色的主題正是無條件的愛。唯有當你無條件的愛自己，才能付出無條件的愛；從愛自己、接納自己開始，且不過度要求自己付出，造成自己的痛苦。當你自身全然充滿愛，自然能夠和週遭的人分享而不求回報。

三、珊瑚色：此顏色的主題是強烈的依賴和獨立，需要察覺到自己的價值，接受自己愛自己，當你可以對自己這樣做之後，自然不需要去依賴任何人的愛了。珊瑚色是溫暖而充滿智慧的光，會把你從過去的痛苦之中釋放出來。當深陷過去的打擊及悲傷中時，珊瑚色可以溫和的吸收痛苦，讓你獲得療癒。

四、橘色：此顏色對應於第二

脈輪——臍輪，與依賴和獨立也有關連，當你不知不覺想依賴他人時，橘色可以幫助你腳踏實地的生存於大地上，有助於釋放負面情感，脫離精神傷害的打擊，轉化為幸福喜悅的正向能量。

五、黃色：具有給予我們智慧，及帶來自信與勇氣的力量，對應第三脈輪——太陽輪，知道自己要什麼，瞭解自己，進而創造自己的實相。當感覺混亂或是恐懼時，黃色可以幫助我們澄清真實的自我，不要消極的看待事物，而是要積極的接受它，黃色幫助我們肯定自己，重新找回自己的價值。

六、金黃色：象徵著自我價值，在經歷過許多人生波浪之後，從心而生出的智慧。當無法完全消化吸收來自外界的知識時，就會產生一些混亂，在這樣的時刻，最重要的就是認清自己的價值，不要陷入不明原因的恐懼裡，成為你自己的光芒，發揮自己的獨特性和天賦，品嘗人生深刻的喜悅。

七、綠色：是第四脈輪——心輪的顏色，表示平衡、和諧、滋養。心是接受愛的地方，同時也是給予愛的地方，綠色同時也代表著療癒的顏色。

八、橄欖綠色：象徵從個人（黃色）轉移到心靈（綠色）之間的顏色，從個人主義的競爭，進化到和諧雙贏的境界。橄欖綠色代表女性面的包容及右腦的直覺能力，不管是男性或女性，尊重彼此的獨特性，都要視自己內在的女性層面，發揮女性領導力的特質。

九、藍綠色：藍綠色表示富有創造力的生活方式，是自我溝通的顏色，能幫助你和內在的訊息取得聯繫。藍綠色幫助你遇見內在的導師，支援你進行自我瞭解的過程，它也是大眾傳播的顏色，想要在多數人面前表現自己時，藍綠色能給你支援。

十、藍色：是第五脈輪——喉輪的顏色，象徵自己與他人的溝通和表現。不管在什麼時候，即使有擔憂、悲傷或不安，在烏雲的上方仍有無垠的藍空，要信任上蒼的庇佑，一步一步的往前進，活出自己的人生。藍色是男性面的顏色，是

澄藍的天空之父的顏色，也是令人感到平靜的顏色，具有鎮定的效果。

十一、寶藍色：夜裡的星空的藍色，是神祕的顏色，對應第六脈輪——眉心輪，是直覺能力與洞察能力的中心，幫助我們看清事物的本質，不會遺漏造物主傳達給我們的任何訊息。寶藍色幫助我們更深入的看待事物，與更深刻的感受事物。

十二、紫色：紫色自古以來被各宗教視為靈性的顏色，象徵著更高的智慧，是第七脈輪——頂輪的顏色，紫色是紅色（象徵生存）和藍色（象徵上天）的結合，似乎告訴我們，真正的靈性是腳踏實地生活，實現上蒼的意圖，真真切切地

落實在人間。紫色代表的意思是奉獻，它代表一種崇高的精神性，和上蒼合而為一的感覺。

十三、紫紅色：代表上天的「神聖之愛」，這個顏色雖然包含著所有的顏色，本質上卻仍然隱藏著未知的部份，是由靈性的紫色，和充滿活力的紅色組合而成。紫紅色幫助我們發揮潛能，幫助你把上蒼的神聖之愛落實在日常生活中，心存愛意地面對所有困難中的挑戰。

十四、透明色：透明色象徵沒有流出的眼淚，具有淨化、洗滌的作用。透明色包含了所有顏色的光，這種強烈而美麗的光，會讓負面的能量無法靠近，有助於揮別過去的回憶、消除黑暗、釋放老舊的

橘色可以幫助你腳踏實地的生存於大地上，黃色則幫助我們肯定自己，重新找回自己的價值。（蘇菲部落Rafeeka提供）

在選擇靈性彩油時，要記住這個不變的定律：絕對只能用左手去拿瓶子，而且只能拿著瓶蓋，這麼做的目的是不去驚擾瓶中的能量。

行為模式，幫助我們從無意識的模式中走出來，揮別過去的陰霾，創造出嶄新的人生。

你就是你所選擇的顏色

在挑選Aura-Soma靈性彩油瓶的過程中，透過被挑出來的彩油顏色，你會更瞭解自己、接受自己、進而療癒自己。瓶子只是反應你內在的鏡子，讓你察覺到另外一面的你，那個被緊緊隱藏起來的自己。

你所選出的彩油瓶子，甚至可以用來占卜。在不受干擾的環境下，以直覺選出四瓶最受自己吸引的瓶子，這四瓶被選出的彩油，依照順序排列會有如下的意義：

第一瓶是「靈魂瓶」：顯示你在此生想學習的事物，以及想達成的願望，代表你在此生的使命，你化身為人的目標。

第二瓶是「靈療瓶」：顯示你問題最大的困難和障礙，如果你去處理和克服，你將能開啟存在為你而設的「禮物盒」，這會是你最有價值的禮物。

第三瓶是「當下瓶」：顯示到此生此刻為止，你生命旅途的進展，自己是否已到達目標，或是還在半途之中，了解生命之中還出現那些障礙，是你在人生的路上到目前為止的進展。

第四瓶是「未來瓶」：告訴你未來可能的前景，因為我們都是自己未來的創造者。

靈性彩油還有所謂的「瓶中精靈」的說法，它能幫助我們消除身體、情緒或心靈上的障礙，釋放出古老的、被壓抑的、有害的心理面貌，去面對很久以前就必須處理的課題，甚至是恐懼或是你想逃避的事情。

心理學家榮格認為：「人有顯意識和潛意識，最底層有人類全體共通的集體潛意識，最高層則有超越人類心靈以上的超意識。」Aura-

Soma靈性彩油則能夠幫助你，察覺到平時無法察覺到的潛意識，並取得連結。

現在，靈性彩油系列的產品，共有107種平衡油、15種保護靈氣、15種師父保護靈氣、及其他的產品，行銷於世界各國，廣受人們喜愛，而且日趨流行。這些美麗的彩油幫助我們的身體、心靈、靈魂恢復平衡與協調。

維琪·渥爾女士認為，雖然人類始終活在恐懼與毀滅的威脅之下，然而，新時代的我們卻依然可以活在新生命的期望當中，因為，「上帝透過彩虹的光譜，呈現了祂對人類的承諾。」而「最偉大的老師在你自己的心裡面，我們提供的只是一些指引而已。」

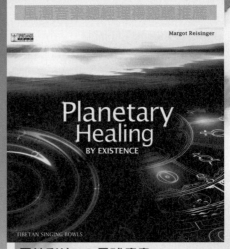

國語音樂網絡護播鉉臺推薦

Margot Reisinger

Planetary Healing
BY EXISTENCE

TIBETAN SINGING BOWLS

靈性彩油V.S.星球療癒

靈性彩油和中脈七輪有相對應的關係。這讓我想起這一年來我非常喜愛的頌缽，我本身收藏許多頌缽，清晨醒來時，迎著陽光和這些缽一同靜心，真的是一件很美妙的事。頌缽本身因為含有金、銀、銅、鐵、錫、鉛、汞七種元素，因此可以和人體的脈輪共振。《星球療癒》的音樂，結合了頌缽以及我非常讚賞的好友——靈性女聲瑪格特絕美的星空美聲，迴盪出太陽系九大行星的獨特能量，將身心調頻到最佳的和諧狀態，相信也能為靈性彩油帶來更深層的療癒作用。

彩油的使用方式

彩油的使用順序和方法如下：
以左手拿著瓶子，無名指與食指放在瓶肩，中指放在瓶蓋上，上下搖晃瓶身，將二種顏色的平衡油混合之後，倒入右手，塗抹在指定的部位。
先使用第二瓶，再使用第三瓶，接著使用第四瓶，最後才是使用第一瓶。依照順序的使用意義是：掃除心中最大的困難和障礙；瞭解你在人生的路上，到目前為止的進展；讓自己成為自己未來的創造者；理解你在此生的使命，和想要達成的人生目標。

蘇菲部落靈性彩油

指導老師：Jivan Nutan（梵文，新的生命的意思）

目前是蘇菲靜心中心經理人及治療師，專研家族星座治療、兩性關係工作坊、Aura-Soma色彩療法與諮詢、天使療法與諮詢、靜心導引。經過人生低潮時期事業、婚姻的破碎，心靈的創傷、甚至放棄生命。之後透過靜心與家族系統排列等方法，深度自我修練與療癒，重新帶著覺知找回生命正向的力量，而今，樂於深情的分享這份深度經驗與歷程。

【商品內容】

一開始，「Aura-Soma」靈性彩油發明人維琪‧渥爾女士也不清楚彩油的效用。在某次市集上，她的同伴將這美麗的藥水放在展示櫃的下做裝飾，卻不斷有路人詢問這些彩油瓶的價格。渥爾女士很困惑，說明那些並不是要出售的草藥，只是裝飾。這些詢問的人說：他們看到其中某個瓶子時，會感到出奇的平靜。

渥爾女士這才發現，不同顏色的彩油展示了人類靈魂的不同面向。當我們遇到那個代表自己靈魂顏色的瓶子時，就會不由自主地受到吸引——因為照見了自己。

當我們從107瓶平衡油中依序挑選自己最喜歡的四個瓶子，便可了解人生的密碼：你的靈魂本質、你的天賦與挑戰、當下狀態以及未來潛能。

【價格】

平衡油：1680元

保護靈氣空間噴霧：1480元

師父精華空間噴霧：1480元

大天使精華空間噴霧：1480元

保護靈氣隨身瓶：1250元

師父精華隨身瓶：1250元

大天使精華隨身瓶：1250元

【洽詢】

蘇菲部落

專線：(02) 8773-0216

聯絡人：Nutan 0953-015-201

Email：jivan_nutan@yahoo.com.tw

網站：http://tw.myblog.yahoo.com/sufi-blog

地址：台北市忠孝東路四段97號B1-18室

Jivan Nutan老師。

107瓶靈性彩油，各有各的療效。

「Aura-Soma」的空間噴霧。

第六章

回到圓，回到中心，回到自己
——曼陀羅與蘇菲旋轉

「溫柔、堅定地走到圓的中心，就可以回到你自己。」
——Rafeeka，蘇菲靜心中心

曼陀羅和蘇菲旋轉，一是靜態的繪畫，一是動態的舞蹈，但兩者殊途同歸，都是藉著「圓」的形式追尋自我的內心。

解開自我密碼——曼陀羅繪畫

只要幾支粉蠟筆，一張圖畫紙，任何人都可以開始一場自我追尋之旅。

先在圖畫紙上以圓規畫出一個大大的圓，稍做冥想、放鬆，專注在內心，拿起蠟筆順著自己的心意以色彩填滿這個圓。

畫完之後，你會發現圓內的圖案，透露了你的內心劇場，可能是

夢想或願望，痛苦的回憶，甚至潛意識中的風景。

回到自己就是這麼簡單。

圓的力量

台北東區的靜巷中，有一個以曼陀羅工作坊、蘇菲旋轉工作坊聞名的蘇菲靜心中心。主持靜心中心的Rafeeka老師個兒嬌小，卻散發著令人驚奇的沈靜能量。她已經帶過無數次曼陀羅工作坊，解過上萬張的曼陀羅圖。她說明，曼陀羅繪畫是修行中的應用工具，可以喚醒靈魂細胞的基因、產生覺察、明白此生的功課和道路。它也可以應用在藝術治療上，幫助現代人抒解壓力、治療失眠、憂鬱症、自閉傾向，讓身體跟心靈溝通對話。

當然，以色彩創作，可以抒發人們內心的情感與壓力、激發創造

力，不過曼陀羅繪畫之所以效果卓著的核心祕密，在於它是一個「圓」。

曼陀羅（Mandala）是梵語，本意是「圓」，引申有「中心」之意，泛指軸心、圓周，也引伸出「圓滿」、「具足」的涵義。圓形，在物質世界中隨處可見，從人類受生的受精卵、包圍著胎兒的子宮、孕育我們的地球、給予能量的太陽、照亮夜晚的月亮，以及週天星辰運行的軌跡、銀河系的旋臂，都是數不盡的圓。

在宗教上，「圓」也具有重要的象徵意義。許多古老的民族崇拜太陽，以太陽為神明；英國威爾特郡的史前遺跡巨石林（Stonehenge），由數十根石柱圍成一個圓形，據研究可能是古老先民的祭場或天文觀測站；印尼爪哇島的婆羅浮屠，頂層台階的佛塔是圓形的；清朝皇帝祭天的天壇，也是圓形建築。西藏密宗佛教的藝術作品「壇城」，就是Mandala的意譯，外在意義為諸佛本尊安住的淨土宮殿，內在意義是眾生心的清靜

曼陀羅圖像，可以表達每個人在當下的內心。（Rafeeka提供）

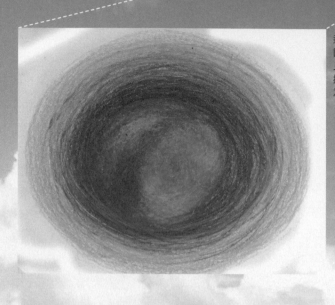

透過填滿一個圓形的
圖像，讓你清晰的看
見「自我」從難以捉
摸的抽象存在，浮現成
為紙上的具體存在。
（Rafeeka提供）

相，被視為顯示宇宙真理的繪畫，
既是「無限的大宇宙」，也是「內
在的小宇宙」。

由此可見，圓，是宇宙整體的
象徵，也代表個體內在的小宇宙。
透過曼陀羅繪畫這種探索自我本質
的繪畫方式，可以自我療癒；透過
填滿一個圓形的圖像，讓你清晰的
看見「自我」從難以捉摸的抽象存
在，浮現成為紙上的具體存在。

將曼陀羅應用於心理分析

這個東方的思維方式，在20
世紀初由瑞士心理學家榮格（Carl
Jung）引進西方世界。一次大戰時
期快結束時，也就是1918到1919
年間，榮格擔任英軍戰區戰俘監管
上校。在駐紮地，他每天早上都在
筆記本上畫一幅小小的曼陀羅，藉
以觀察自己的內心。在這些曼陀羅
圖的幫助下，他可以省思自己內心
的起伏變化。例如有一天，他的朋
友寄了一封信來，堅持榮格從潛意
識中產生的幻想具有藝術價值，但

榮格非常不以為然，情緒大壞。隔天，他畫了一幅曼陀羅，周邊有部分斷裂了，所以也失去了原本的對稱性。

榮格稱曼陀羅中出現的圖案為「自我的密碼」。他說，曼陀羅是「成形、變形、永恆心靈的永恆創造。」從曼陀羅所示現的自我圖像，無所掩飾、無所隱瞞、無所偽裝，更不可能自欺欺人。

從榮格下面這段話，可以看出畫曼陀羅對他探索內在有多大的幫助：

此時我正被迫經歷潛意識的過程，我必須讓自己被這股急流推動前進，我不知道它要把我引向何處。然而，當我開始畫曼陀羅時，我看出，一切東西，包括我一直走著的所有道路、我一直採取的所有步驟，均導向一個單一點——居中的那個點。事情越來越清楚，曼陀羅就是中心，它是一切道路的代表，是通向中心點，通向個體化(Individuation)的道路。——《榮格自傳》，張老師文化事業

榮格還指導了一位女性個案，從1928年起，以兩年的時間持續繪畫曼陀羅，進入一種如修練般的歷程。近代許多藝術家、修行者，也紛紛利用曼陀羅作為創作或修行的工具，透過不間斷地持續繪製曼陀羅、觀察圖像的變化，逼近自己的內在深處。

來畫曼陀羅

繪製曼陀羅，可以到工作坊中找老師指導、可以自己找練習本畫，也可以邀請朋友辦個曼陀羅靜心聚會，互相分享繪製的圖像、交流心得，更可以和家人、孩子一起畫，讓曼陀羅繪畫成為親子交流的親密時光。

坊間販售的曼陀羅練習本，多附有繪圖範本，範本中的圓形裡通常有對稱的幾何圖形，可以按照自己喜好選擇填色。如果不想被範本束縛，也可以自行找一張空白圖畫紙，先畫上一個大大的圓形，再順著自己的直覺來畫。

圓之內，代表畫者的內在世界（心）；圓之外的空白，象徵外在世界（物質）。這段探索的旅程需

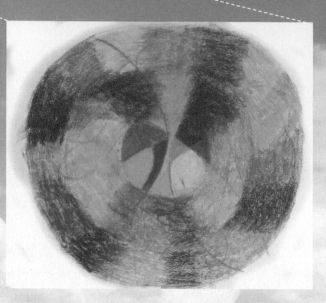

所有圖像都是內
在的披露，是內
心要告訴你的真
心話。（Rafeeka
提供）

要至少一個小時以上的時間，可以事先準備舒緩身心的心靈音樂、香氛精油，讓參與者靜下心來，專注內心。著色的時候，讓直覺帶領你的筆，放掉頭腦，不要規畫你的圖案，也不要預設你的步驟，想用什麼顏色就用什麼顏色，以遊戲的心情來著色，讓內在透過畫筆一點一滴顯露出來。可以在著色時將浮現心中的念頭、或是任何靈感，寫在空白處。

畫完之後，安靜地注視它一會兒，或是跟身旁的老師、親友交換心得。靜靜地讀出曼陀羅之中的話語，不要去批判、評論、嫌棄自己或別人畫得好或不好。因為，所有圖像都是內在的披露，是內心要告訴你的真心話。

每一次舞蹈都是死亡，每一次停止都是再生──蘇菲旋轉

「蘇菲旋轉是最古老，最強烈的靜心技巧之一。它的深度讓你即使只是一次的經驗都能夠感受到完全不同的改變。打開眼睛旋轉，就像孩童般不斷的轉，宛如內在變成

了中心，而身體變成輪子般的轉動，就像製陶器的轉輪，不斷的移動。你處於中心，而整個身體轉動著。」——Rafeeka，蘇菲靜心中心

和曼陀羅一樣以「回歸中心」和「圓」為核心概念，蘇菲徒則透過旋轉來修練，以修行者自己的身體來完成這個圓。

身穿白衣白圓裙、戴高帽的蘇菲徒，在中東吟唱音樂中同步旋轉，白色圓裙逐一張開宛如巨大的花朵。在持續旋轉中，無論舞者或觀者，全體進入彷彿冥想般的神聖空間。初次目睹蘇菲旋轉的人，往往大受震撼、感動落淚、難以置信。

蘇菲旋轉是伊斯蘭教神祕派「蘇菲」（Sufi）的修行方式，是由十三世紀蘇菲的一代宗師魯米（Mevlâna Jalâludîn Rumi）創始。據說魯米在連續旋轉三十六小時之後成道，因此摯愛他的追隨者遂以旋轉為修行的手段，建立了梅芙拉米教派（Mevlevi Order，意為「我們的師父」），發展出現在看到的蘇菲旋轉。

魯米大師活躍於十三世紀塞爾柱帝國統治下的波斯帝國，可說是當今影響力最大的蘇菲導師。他也是詩人，主要以波斯語寫作，他在詩集中傳達出著「愛」、「希望」、「狂喜」，要把靈魂中如泉

Rafeeka在海寧格大會上表演蘇菲旋轉。（Rafeeka提供）

源般不斷湧出的愛傳達給世人。魯米逝世於今日土耳其境內的孔亞（Konya），孔亞至今仍保存他的陵墓，還成立了梅芙拉米紀念博物館（Mevlana Museum），每年在他的冥誕時，蘇菲徒都會聚集在這座博物館舉行舞蹈儀式來紀念他。聯合國教科文組織宣布2007年為「國際魯米年」，以紀念其出生800周年。

奧修眼中的蘇菲

奧修關於蘇菲最著名的一句話是：「蘇菲是醉漢的道路。」在《奧修傳》中，他闡述了對蘇菲舞蹈的看法。

「從外在的角度而言，蘇菲看起來在舞蹈。但他其實不是在跳舞，因為其中沒有舞者。他是純淨的舞蹈。上帝充滿了他。蘇菲醉了、迷醉了。」

說蘇菲迷醉，是因為他們不使用腦袋，不思考、不觀察、不批判、不擔憂。

「唯一的祕密是要消失在它裡面，淹沒在它裡面。一個人必須在一種陶醉中舞蹈。」

在純然的旋轉中，忘掉自己、忘掉身體、忘掉理性。在舞蹈中沒有舞者，只剩下純粹的轉動，這才能感到上帝的臨在，與宇宙合一，感受到無垠的愛。

「當舞蹈者死在他的舞蹈中，只剩下了舞蹈，那時你在上帝的手

什麼是蘇菲

在中古時期的波斯，一群苦修者為了諷刺當時蘇丹國王的豪奢，故意穿著破舊的羊毛衣，以彰顯己志。由於這批修行者跟一般人不同，以特定的方式修練，例如集體誦念咒語、旋轉舞蹈，希望藉著這些儀式不斷淨化自己，所以也被稱為「神祕派」。但對他們而言，神祕主義指是一種對存在、真理的絕對的愛，因此「蘇菲」就是「愛」。所以，蘇菲信徒才會主張蘇菲主義的精髓，早已存在於所有的宗教中，部分學者也認為，早於伊斯蘭教創始之前，蘇菲教派就已經存在。

旋轉中的Rafeeka。
（Rafeeka提供）

中。那時他在運作你，他在和你運動。那麼你會在一段距離上找不到自己，而你找不到自己的時刻正是上帝被發現的時刻。」

難怪，Rafeeka老師說，蘇菲旋轉是「強烈的歸於中心的途徑」，它強迫你放棄腦袋、全然信任宇宙。如果你不這麼做，就無法進入旋轉。但一旦進入旋轉，任何人都可體驗到不再分裂的合一。離開工作坊、回到自己後，不論在工作上、生活中，卻都還能感覺到汨汨流出的寧靜與愛，能夠更信任未知，不管外在世界如何巨變，內在永遠有個不變的中心。

蘇菲咒語

除了旋轉之外，蘇菲徒的

另一個修行方式是咒語「齊克」（Zikir）。「齊克」原意為「記憶」、「記得」。對伊斯蘭教徒而言，這種讚頌的咒語非常重要，不斷誦念咒語，能進入出神狀態，完全丟掉自己，進入純然的狀態。因為人的頭腦很「堅硬」，必須用些方法才能穿透、拋開。持續反覆誦念咒語或神的名字，即是回到「你」自己，記起你這美好的時刻。例如，Ya Fatah 是「敞開你的心」之意，ISHQALA是「愛」，La ilaha illallah則是「這裡沒有神，但是無處不是神」。

蘇菲在台灣

2000年開始接觸蘇菲旋轉至今，著力推廣蘇菲旋轉的Rafeeka老

師，和一群蘇菲愛好者已經在台灣舉辦了六屆「國際蘇菲營」，今年的營隊剛在五月結束。在台大奧修靜心社、佛化人生、表演36坊、中國北京……等地方，也可見到她著圓裙表演蘇菲旋轉的身影。

關於蘇菲旋轉，Rafeeka老師說了句令人震撼的話：「每次的旋轉都是死亡，每次的停止都是再生。在旋轉之前，舞者與同伴道別；當他停下腳步，又以嶄新的生命回到世界。」

原來，蘇菲舞者是這樣看待旋轉。他們頭上戴的高帽，象徵棺材，優雅的白色圓裙則是裹屍布。每次進入旋轉，就是死於那片刻，也同時進入狂喜的境界，因為對蘇菲徒來說，死亡是跟上帝的婚禮，是值得大肆慶祝的慶典。狂喜是蘇菲的品質，但他們不會迷失在狂喜之中；這可以說就是禪的道路。

在旋轉到拋下腦袋、意識時，就把人生的重擔也卸下了。這是一種強烈的歸於中心的途徑，唯有放下一切能進入當下

根據Rafeeka老師所指導的蘇菲旋轉，在舞者要開始以前，有幾個預備動作。傳統上是向左轉（逆時針），但是要向右轉也是被允許的。

一、以右腳大姆趾踩在左腳大姆趾上，代表臣服。

二、雙手環抱自己，象徵再度跟自己合而為一。

三、彎腰對天地禮拜，象徵臣服與空掉自己。

四、抱著自己旋轉幾步。

五、雙手延著身軀緩緩撫心，輕觸臉頰，這是種Divine Touch，代表碰觸神性。

六、雙手緩緩張開，一手向上，代表接受上天的給予；一手向下，表示把這份恩賜授與人間，完全無所保留。

七、開始旋轉時，頭偏向上伸的手那一側，眼睛望向自己的心臟；雙眼雖然睜開，但是沒有聚焦。如果往左轉，便以左腳為軸心、動右腳；若往右轉，則以右腳為軸心，動左腳，那軸心就是永恆不動的

「原點」。

只要意念一飄走、分心想到別的事、擔心會不會跌倒、想偷看一下別人，就真的會立刻跌倒或頭暈想吐。初次接觸的人難免害怕，但若能放空腦袋、拋開恐懼，就能漸入佳境，每個人都能體驗到無垠的愛與合一。

蘇菲的Rafeeka

是漢人，卻被原住民領養；台大中文念了七年，一邊唸書一邊去印度、中亞，尋找靈修的道途；最初接觸的是天主教，卻以蘇菲為修行最核心的道途。

沒有結婚，有一個可愛的兒子，但她告訴伴侶：「你要結婚可以，但對象不是我。」

個子嬌小，話聲卻是出奇的沉穩，寧靜的力量彷彿從身體裡汩汩流出。

從2004年起主持「蘇菲靜心中心」的Rafeeka，身世與眾不同；特別的人生際遇，促使她在成長過程中不斷探索真理與自我，終於走上了靈修的道路。

無論颱風的外圍多麼讓人暈眩，颱風眼卻始終是安靜的。

她是漢人，但從小被阿美族家庭收養，住在花蓮玉里鎮的長良。雖然養父母是佛教徒，不過帶領Rafeeka進入宗教、靈性探索殿堂的，卻是玉里的一位法國籍神父劉一峰。神父從不強迫她信教，卻常帶她去遊山玩水；從劉神父身上，Rafeeka學到了「宗教就是生活」。上了高中後，她半工半讀，覺得

Rafeeka老師和她可愛的孩子。（Rafeeka提供）

人生痛苦而孤單，甚至覺得自己被上帝遺忘了，於是她開始修行。高中畢業後，她在偶然的機緣下皈依星雲大師，希望從佛教中尋得答案。她跑回山上，跟神父說，我需要一個房間打坐，神父立刻說「好啊」，就撥了一間房給她。這種包容，讓她非常感謝。

可是，就像許多精彩的故事，峰迴路轉的情節總在不經意中出現。

我會一直旋轉、旋轉，我不知道旋轉的盡頭是什麼。等我找到了，我會告訴你。

二十五歲時，她到美國猶他州楊百翰大學進修。這其間，她參加了許多摩門教的活動，但始終沒有受洗，反倒開始讀起奧修。這一讀不得了，奧修的教導讓她把從高中開始的「十年修行」全推翻了，她用奧修的話罵自己、質疑自己，全部推倒重來，從頭開始。這段期間的另一個體會是，各宗教雖然名稱不同、神明各異，但其實殊途同歸，沒有什麼不同。

回台灣後她投入佛光山的義工工作，同時在民國八十八年考進台大中文系。大二暑假，她和許多新時代的追尋者一樣，踏上了往印度的旅途。

來到奧修社區，她在介紹第四道導師葛吉夫（Gurdjiffu）的課程中，首次見識了蘇菲旋轉。不同於一般人會頭暈、作嘔，Rafeeka覺得這次初體驗「很舒服」。她又轉往吉爾吉斯共和國，參加二十一天的蘇菲靜心營。從此，她相信蘇菲是一條回到自己的方法。從蘇菲旋轉裡得到的感動，鼓舞她繼續前行。她隔年前往土耳其，拜訪蘇菲大師魯米的陵墓所在地孔亞。

「那是一場奇蹟般的會見。」

在孔亞，她遇到許多蘇菲的當代大師，他們是如此寬闊、沒有界線，深深感動了年輕的Rafeeka。她說，比起其他人，「慷慨」可說是蘇菲徒共有的品質。一位蘇菲的托缽僧熱誠邀請他們這群外國人，進入聚會所Tgar，一起吟唱祈禱。接著更邀請他們到魯米博物館，也就是大師的陵墓。那晚，明明博物館已經休息了，托缽僧卻說：「門會

為你而開。」

那一夜有許多大師群聚在一起禱告。場中，一位能唱誦魯米詩歌的大師薩拉烏加，坐在輪椅上。他看到看到Rafeeka時，示意推輪椅的人停下來，對著她大聲喝了一句咒語：「Hay」。剎那間，Rafeeka眼淚無法抑制的落下，她完全無法解釋為什麼，只知道有種被點化的通暢。那句咒語的意思是「生命」。

「門會為你而開。」

對Rafeeka而言，宗教的名字不重要，重要的是不要忘記自己、活在當下，那即是愛。有了愛，其它的品質，如謙卑、寬容，自然就會出現。因為，你與神是分不開的。

（文/黃心宜）

曼陀羅V.S.曼陀羅靈性音樂
收錄於聽見內在的聲音4CD

曼陀羅是在不斷的畫作中，釋放情緒，自我療癒。《曼陀羅靈性音樂》則是以印度拉加古調創作，為人們帶來深度放鬆，走向內在寧靜空間。我想如果用這樣的音樂創造一個深度放鬆的空間，再隨著內在的釋放進入曼陀羅之中，應該會有非常美妙的發現吧。

奧修V.S. 蘇菲靈性音樂
收錄於聽見內在的聲音4CD

蘇菲旋轉是我在奧修普那社區所經驗，最熟悉也最喜歡的律動──在不斷的旋轉中，進入最初以及最真實的自我。這張CD能給我一種進入神聖感的靈性空間，音樂所散發出的旋轉能量，宛如湖面漣漪，一波一波的擴展開來，和宇宙萬物產生非常美妙的能量連結。

第七章
光的課程

「光的課程」是由美國的通靈者安東尼·莫珍（Antoinette Moltzan）自1970年開始傳遞的。他在德州的達拉斯市成立光的課程共修會，此後陸陸續續在美國各地及海外舉辦與光的課程有關的心靈成長與諮商服務。

這個課程有好幾個階段，每星期習修一個顏色的光課程，配合著靜心，讓能量激發並啟動靈魂體的每一個脈輪，以意識引導光的能量，讓光淨化學習者的所有層面，化解恐懼、疑惑、嫉妒……等負面情緒。正確的說，應該是牽引出自身不和諧的部份，讓我們帶著覺知，重新面對它，找出影響我們人生的個性之中的陰影面。

在上光的課程時，會面臨一種很詭異的氛圍，在那週所學習的光的顏色，似乎會對應到週遭的生活，產生影響，這是很特殊的經歷。剛開始，我以為只有自己會如此，但一陣子之後，同學們也都陸續感覺到好像真的有些影響，才知原來不是我自己的幻想，而是這些光的冥想會對我們產生作用。而且，不是只有大人有感應，連小孩子都可以感受到明顯的改變。

話說第三次上光的課程時，因為家裡沒人幫忙看小孩，所以把小學二年級的女兒也一起帶去上課。女兒從小經常跟著我到處晃，對這類的心靈成長課程並不陌生。她是體覺型的小孩，很好動，坐也坐不住，閒也閒不住，所以女兒知道每次媽媽去打坐的時候，她就得乖乖睡覺打發時間。

那一週，我們上的課是「藍色之光」。藍色之光是屬於眉心輪的光，又稱為真理之光，藍色之光的

能量中，具有清涼的元素，同時又如火燄一般，能夠燃燒並去除深藏在身體及腦部的恐懼，把深埋在意識與潛意識裡的恐懼及焦慮連根拔除。在狂風暴雨之後，你將體驗到和平與寧靜充滿在一切事物之中，帶來心靈上的提升。藍色之光，也是第三眼的顏色，是啟發人性的覺知與真理智慧的頻率。

在上藍色之光之前，我們先用呼吸調息靜心了一會兒，再做「第三眼靜心」，這是我第一次做第三眼靜心，覺得很新奇有趣。所謂第三眼靜心其實很簡單，只要放鬆的看一台外型是四方形的箱型燈，箱型燈中間有一個圓形的孔，孔後面有燈，會射出一閃一閃的藍色光束來，有點像是夜店的閃燈。在烏黑的教室裡，發出藍色的光束很是刺眼。據說做這個靜心可以刺激、活化第三眼的能量。據說這盞燈的來頭不小，它是漂洋過海，遠從印度奧修社區訂回來的。

我們關掉了室內燈光，在黑暗中放鬆，看了一會兒藍光，漸漸地頭部眉心輪的部份感覺很脹很不舒服。由於是在暗室中觀看，一閃一閃的藍色光束向四週射過來，光線顯得強烈而刺眼，令人想把眼睛閉起來。我偷瞄了女兒一眼，發現她躺在地板上，沒有睡著。她似乎被這藍色光線吸引，好奇的轉向這邊來，跟著我們一起看藍色燈。

看完了藍色燈後，幾乎沒有一個人是感到舒服的，「第三眼的靜心」是很強的能量，做完之後需要做比較動態的靜心，活絡一下筋骨，釋放掉多餘的能量，只要跟隨著音樂及直覺下去律動就可以了。我覺得全身的關節好像需要轉動一下，所以做了非常多轉動關節的動作。身體裡的恐懼能量，很容易儲存在全身每一個關節。這時女兒突然興奮的跑了起來，不停繞著我轉圈圈。她跑得飛快，全程沒停過，邊跑還邊笑，很快樂的樣子，一直跑到這個動態靜心結束為止。

接著，每個人都躺在地板上休息。經過「第三眼靜心」的洗禮，大家好像都累了，躺在地板上動也不想動，彷彿睡著了一般。在今天的課程中，「第三眼靜心」佔了大

部份的時間，但這只是藍色之光冥想的前菜，做完了這個靜心才開始進入正題：「藍色之光的冥想」。這時女兒在我旁邊躺著，但並沒有真正睡著，無形之中，她也參與了我們的活動。

回家的時候，看了一下身邊的女兒，竟發現她的氣場變得明亮無比，亮晶晶的，有著煥然一新的感覺。我非常訝異，沒想到光的課程對小孩子也有這般效果！從頭到尾女兒也沒很認真的做，可是效果奇佳。

我驚訝地對女兒說：「妳的氣場變得好乾淨喔，整個人看起來好亮喔！」

沒想到女兒也回答我說：「對呀！我也覺得我全身的氣場都亮晶晶的，變得很乾淨！」

我問道：「妳剛剛幹嘛繞著我一直跑啊？而且還跑了那麼久，難道妳不累嗎？」

女兒回答說：「我看完藍色燈之後，好像有一種被嚇到的鬱悶感覺，胸口到喉嚨的地方很悶、很不舒服，所以才想要一直跑、一直

跑，跑完以後才覺得舒服了！」

小孩子的直覺能力果然比大人靈敏多了，他們會依循身體的智慧，傾聽身體的聲音而行動，以實際的行為來取得能量上的平衡。通常他們很快就能給出反應，不加思索的行動，不像大人腦中總是念頭太多，跟小孩子比起來，大人的反應總像是慢了半拍。

你可能會問我，回家之後女兒有沒有什麼改變？答案是：「有！」而且是很明顯的改變。女兒有幾天脾氣變得很暴燥，讓我以為叛逆期怎麼來的這麼早，脾氣壞到讓大人想揍她，還好幾天之後就恢復正常了。這時我才猛然想起，原來這是上光的課程所帶來的影響，小孩子也會經歷能量上的釋放期啊！不是只有大人上能量課程會有釋放期，小孩子也會有同樣的經歷，而且孩子釋放期的情緒波動，比大人更加明顯。當時，她脾氣真的是壞透了。我想：這是因為小孩子很單純，不會偽裝情緒，不像大人要有高EQ，再苦也只能默默垂淚、忍氣吞聲，回家打枕頭出氣。

這真是有趣的一段經歷，和小孩子一起上光的課程，讓我有很多特殊的體驗。

藍色真理之光

我讀過很多新時代的美好書籍，書中大多強調光和愛，當然我也常常這樣催眠我自己：

「我是光、我是愛、我是神聖的、一切都是美好的、即使困難挫折也都有其正面的意義…。」

雖然自己對書中這些話非常認同，但心中隱隱約約地覺得有些地方不對勁。生命之中並非全然只有光明面，也同時存在著許多的挫折與陰暗面。要如何說服自己對陰暗

光的初階課程內容

光的課程每星期共修一次，一整套課程修習起來大約要花上四年的時間。初階課程分四個級次，依序是：
初階第一級次：身體、星光體
初階第二級次：情緒、感受體
初階第三級次：理性體
初階第四級次：乙太星光體
行星課程分成一到九級次
天使課程分成一到三級次
光的課程會對我們的五個不同身體部位及情緒層面產生影響，以下用不同的名詞來解釋這些專有名詞的意義：
一、感受體（Perceptual Body）：包含直覺、感覺、洞悉事物的覺察能力，還包括第六感，屬於靈通或直覺能力。
二、情緒體（Emotional Body）：對外界事物產生反應的行為，因為經歷許多不同的經驗而產生的情緒，有正面或負面思想所引發的喜、怒、哀、樂等情緒反應。在能量的層面上，負面思想是屬於沉重的能量。
三、理性體（Mental Body）：人類理性思想的思維。由於我們的大腦中常有負面思想，故理性體也是非常沉重的，屬於較低的磁場。
四、星光體（Astral Etheric Body）：是由宇宙物質所構成的，它存在於身體的內外，是一種氛圍，與身體幾乎是同一個模式，與身體的感官是互動的。靈魂常常會因為慾望沒有滿足，或因沒辦法放下煩惱而執著，即使肉體已經死亡，靈魂還是停留在地球。因此，在某些情況之下，會有類似鬼魂的影像出現。
五、靈魂體（Soul Body）：融合著明亮的金黃色之光，本質是喜悅、快樂、明朗，具有愛與創造性。靈魂的內涵是神祕的，超過了我們所能理解的範圍，到目前為止我們所能瞭解的只是一小部份，這個部份最接近神性的大我及宇宙的神聖合一意識。

面視而不見？我一直懷著這樣的疑問，然而，在上光的課程——藍色真理之光時，我有了全新的視野和改變。

那是要進入藍色真理之光的前一週，我竟又經歷了內心奇妙的氛圍，開始思索起一些人生的道理。那是以前從沒有想像過的事，就像一位對人生充滿疑惑的哲學家般，我無法忽視自己內心的聲音，我清楚地知道有一種能量正在累積，我想要對生命有更深一層的了解。如果所有生命的發生，都是愛的發生，都具有神聖的意義，那麼從小到大我遭遇過的許多重大挫折與生離死別，又代表什麼呢？我無法理解，這些意外事件對我的「意義」究竟是什麼。這些無法控制的意外事件，對我不過是一次又一次的精神打擊罷了！不但沒有任何意義，甚至還將我對人生的信心推落谷底……想著、想著，我的心情激動了起來。

然而，就在那次藍色光的冥想當中，上天給了我意想不到的回應，我感動地流下了一行又一行的淚水。於是，我決定將這份感動記錄下來。

在這次藍光冥想之中，我似乎進入了一種更高意識的狀態，跳脫時間，將自己抽離身體，回顧自己的人生。我發現自己腦袋中並非只有想像中「充滿意外的恐懼事件」，相反地，在大部份的生命歷程裡，快樂美好、沒有痛苦、喜悅平靜的時光也不少。我彷彿正在觀看自己的人生紀錄片，從小到大，一個片段又一個片段的具體浮現，有歡笑、有悲傷、有喜悅、有眼淚、有生老病死、也有相聚別離！

末了，紀錄片的鏡頭拉長了，我看見了山川大地，看到了滿山滿谷的野花，看到了地球上美麗的風景，也看見了世界的美麗色彩……一切都是那麼的豐盛、盎然，就像我的生命一般，因為我從沒錯過任何的發生！

一瞬間！我的心情豁然開朗，此時此刻我窺得生命的全貌。如果說生命是一卷又一卷的紀錄片，那麼這些悲歡離合的演出，使我們的生命豐富而有意義，這不正是生命

的價值嗎？

我突然明白了豐盛的真正意義。原來「豐盛」並非只有愛、喜悅、金錢這些字面上的含意，這種「豐盛」只是它的一部份的涵義而已。拜藍色之光冥想之賜，我對「豐盛」有了更開闊的視野。許久以來，我以為豐盛的意涵只是上述的那些能量流，越能開放地付出與接受這些能量流，就能越富饒，開展胸懷、擁抱美好、不再匱乏。

但原來，真正豐盛的涵義不只如此，而是「容許存在所有一切面向的發生」，允許這個世界不依照我們頭腦的想像而存在，頭腦不再只接受好的，不接受不好的。我們容許一切的發生，包括好的與壞的，這就是存在的真正面向，這就是人生的「豐盛」。

這個發現讓我瞬間感動得流下淚水，我不斷擦眼淚，同時也明瞭到，只有當我們深深接受生命本身，容許所有面向的存在與發生，我們才有可能對生命臣服，生命才有可能真正的放鬆，讓自己對自己的愛，支持我們走完人生！

此刻內心的感動無以言喻，我的生命不再任由恐懼撕裂為碎片，悲傷已無法將我吞噬。有一些生命的片段重新被組織、編織起來，自己無需再分裂，我的內心感到非常滿足。這個發現同時使我了悟到，愛自己的真正涵義是什麼！

「只有自己對自己的愛才是永恆不變的，只有自己對自己的愛才是真實的」。我不再對外尋找永不可能得到的愛，因為我突然明白了「愛的真諦」。這個世界上所憑藉的最大力量，是自己對自己的愛的支撐，只有自己的愛永遠不會消失、匱乏，這份愛的力量能帶給我們堅強活下去的勇氣，支持我們勇於面對人生各式各樣的困難挑戰。

紅寶石之光

上光的課程這段期間，我的皮膚偶而會輕微過敏，手臂上長出一粒一粒的小疹子。雖然沒有嚴重到要看醫生，但這些小小的不舒服一直都持續著，而且我發現都出現在身體的左半側。甚至，上紅寶石之光的前兩天，身體左半邊也感覺很

不舒服，心輪隱隱約約地刺痛，一直延伸到背部，彷彿遭受重大打擊時的椎心刺痛。雖然身體不是真的疼痛，可是感情的心在痛著，過往的創傷記憶漸漸浮現。

前年生病住院時，自己出乎意料外的冷靜沉著，雖然身體正在受著苦，可是精神卻很平穩。現在的我身體已經康復了，體力也恢復了，在上光的課程的這段期間，情緒卻變得多愁善感起來，總是容易為感動而流淚，眼淚似乎已無法再忍，淚水完全處於失控狀態，就好像……好像……現在的自己，把能量給了前年生病時的自己。時間順序被打亂，彷彿現在的我正在承受著當初生病的我時應該承受的痛苦。

在課堂上做了一些靜心之後，開始正式進入紅寶石之光的課程，觀想面前站著一位需要原諒的人。當時我觀想起我的老公與女兒，可是總覺得角色不太速配，似乎有哪兒不對勁，身體不舒服的痠痛感仍然存在。於是我決定換個對象試試看，於是，我開始觀想起母親，果然，這次角色正確了，身體痠痛的部位似乎也覺得舒服了些，這表示，原來母親才是我真正需要「原諒和放下」的人。

想起了過世的母親，我的眼淚馬上潰堤。這兩年來，我一直努力忘記母親過世所帶來的傷痛，但這份努力似乎全然徒勞無功，母親仍鮮活的活在我的心中。這感情上的連繫，無法被遺忘、忽略，耳邊依稀聽得見母親對我說著：「加油！加油！」原來，自己一直無法對母親放手，這些日子以來以為已經可以放下，但在感情上顯然並非如此。

潛意識中，我一直想要緊緊抓住母親的愛，一直認為母親也放不下我們。這樣的想法，更合理化了我不願放手讓母親離開的理由。但就在此時此刻，我的心中有了一些明瞭，死亡與離開是母親的決定，是無法更改的決定，當一個人的身體已經崩壞了，不想離開也得離開，這是無法改變的事實。而我，卻像小孩子一樣的耍賴，以讓自己生病來抗議，用哭鬧、病痛的方式表達對母親離開的不滿……「因為

擁有的愛太少，以致於覺得失去的愛很多。」傷痛在彼此的拉鋸之間產生，裂痕無限擴大，我看見了自己的無助，看見了自己的幼稚，看見自己的脆弱，也看見自己對關係的執著與不願意改變的真相。

這是一次對自己很大的瞭解。我們常常因為恐懼，緊緊的抓住某些東西不願放手。當你能正視心中的某些陰影，療癒便已經發生。我認為這套光的課程可以給初入新時代的人很好的指引，從光的課程進入體驗新時代思潮，是比較簡單易懂的途徑，雖然習修的時間長了點，可是你會看到自己的轉變。

光的課程最大的好處是可以在家裡自修，在這資訊發達的新紀元時代，人們不需要刻意的進入廟宇、進入修道院裡、或進入祕教的場所中，終其一生閉關其中。人們不一定要經過密法學習才能悟得真理，因為我們現在所處的是寶瓶紀元，寶瓶新世紀是真理被音顯、喚起人們覺醒與明瞭的時代，每一個人都在快速進展與提升之中，沒有任何東西需要隱藏。

Radiance
...Spiritual Shimmer

光的課程V.S.喜悅之光
收錄於光　靈氣　靜心與舞蹈4CD

麥可·哈摩（Michael Hammer）的音樂作品，以天使音樂、光體覺知音樂、昇越音樂與探知更高層次的音樂聞名於世。他的音樂廣被各界老師、治療師運用，特別在冥想與治療上深受肯定。這張專輯也是目前在全球「光的課程」中，最受歡迎的指定音樂。

愛・光語符碼（上、下階）

指導老師：Sonia 黃秀惠老師

【課程內容】

特色：

為迎接即將到來的光的世紀，我們正逐漸提升自己的意識層次，走上回歸源頭、回歸光與愛的道途。高次元的靈團，也不斷的傳下各種法門和訊息，引導和支持三次元人類的提升。透過靜心冥想並加上文字教材學習的靜態課程，釋放負面情緒體，並開始與正面能量結合。

內容：

A 說明部分

1. 關於我是誰，我為何來做人，我的人生使命或意義是什麼

2. 靈魂意識和人格意識的關連與差別

3. 靈魂意識的進展，由現況→療癒→整合→提升

現況：二元對立，天人分裂之境，小我的分離意識狀態

療癒：與上天之愛連結，與大我靈性源頭連結，寬恕過往一切差錯，還原靈魂本來

清淨

整合：平衡4較低體系（身體 情緒體 理性體 乙太體），接納並轉化我之陰暗面，收回靈魂碎片

提升：由二元對立分離意識，提升至合一意識，無條件愛的意識，脫離小我幻境，憶起本來的靈性身分，成為光與愛的表達，完成地球上的功課可繼續向其他較高次元發展

4.光語符碼的來源、作用以及對靈魂進展有何幫助

5.本課程進行方式簡述

B 體驗部分

約10至15分鐘靜心，體驗和大地連結，和內在連結，和大我靈性連結的感受，以及如何用光來清理淨化自己能量場。

開課時間：八月中旬開課

上課地點：文大推廣部身心靈中心

費用：7,000元

報名：

文大推廣部身心靈中心

網址：http://www.sce.pccu.edu.tw/ 活力養身館

地點：台北市大安區建國南路二段231號

諮詢專線：02-27005858分機1

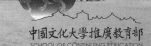

中國文化大學推廣教育部
SCHOOL OF CONTINUING EDUCATION
CHINESE CULTURE UNIVERSITY

身心靈中心
Center of Integrated Life

金色喜悅之光與丹田火球
指導老師：我悟如是

男性，新時代光的課程的老師，把傳統道家的丹道理論，以簡單的方法傳授教學，自行研發出獨特的「丹田火球」課程，希望成為新時代之光。

【課程內容】

特色：

丹田火球的啟動，是歷代仙道秘傳門內弟子的私房瑰寶，可協助現代光行者身心氣脈的調整與淨化。火球經點化啟動後，即自動在丹田運作，猶如「功在練人」，此功法之殊勝微妙之處，唯有透過個人的修持與練習，方能體會。

修練內容包括：

濁去新生：靈修，需先從身心的淨化排濁開始，濁去而新生，身體健康、心情愉快是靈性成長的道路上最基礎。「丹田火球」的點化，能打開十二經脈與奇經八脈的重要關竅，對五臟六腑及身心健康的調節有很大的助益。

水壩與焚化爐：丹田火球能如清風拂鏡般，使你更清晰的照見你的本質光輝，協助你掃除無明塵埃與捆綁在自身放不下且多餘的累贅，進而身心清淨。

收攝心生：觀想的意念是此功法之鑰，意念可以放大內丹的能量，為自己展開一個輕盈自在的嶄新路程。

上課地點：台北的天使花園或台中的心田靈氣教室

費用：金色喜悅之光與丹田火球二日課程：＄6000元

報名：請上我悟如是部落格 http://tw.myblog.yahoo.com/3396815-3396815/article?mid=7092&prev=-1&next=7084

第八章

開啟光體的快速課程
——默基瑟德教導

《默基瑟德教導》傳承自亞特蘭提斯古文明時代，以《無條件的愛》的頻率作為教導基礎。在諸多上師，例如：圖特上師、默基瑟德上師等的指引、協助下，教導我們以神聖的思想面向，運用光及宇宙能量，啟動沉睡多世的光體，藉以達成身體、情緒、理性、乙太及靈性各個層面的轉化治癒，恢復每個人的神聖靈性力量，開始作自己的主人。

據說，自1997年起，人類意識已經進化到可以準備好要迎接進一步的靈性上的提升了，《默基瑟德教導》聖團其中一位靈界導師「圖特上師」，開始向全球的靈媒們發送出通靈的訊息，期望找到一位願意傳遞通靈的管道，把這些已經消失在地球上的知識，再度傳播出來，幫助地球上的人類意識及人類

的光體獲得快速的提升。

「圖特上師」向100個以上的靈媒發送出訊息，不過有趣的是，卻只有一個人有回應，那個人就是住在澳洲的Alton，也因此《默基瑟德教導》最初是由靈媒Alton，藉著通靈傳遞下來的。

從2009年開始，寶瓶世紀/第五次元開始正式於地球上顯化。這是一個追尋真理的世紀，我們進入了一個新的26,000年的循環周期，一項新的神聖創造正在揭開偉大而殊勝的序幕。我們將迅速開始恢復我們的「多次元存在」裡的真實身份，也就是一個「光體」的存在。《默基瑟德教導》包含許多新穎而有效的能量運作方法，其基礎為：啟動「愛的梅爾卡巴」（Hologram of Love Merkaba），以喚醒我們的球形意識細胞。當我們的意識一旦

啟動了，我們身體細胞結構中光的振動頻率就會不斷地提升，整個身體成為吸收光能的載體，以進入更高層次的意識狀態。

什麼是「默基瑟德教導」？

《默基瑟德教導》是一個喚醒你的神聖意識的透明大道。Gaiadon的心是指Gaia（地球母親）的心，與Adonai（父神）的心，這個神聖陽性能量與神聖陰性能量的結合。現在，人類正逐漸覺醒，成為一個新的靈性體。有許多人已經覺知到，他們都有成為神的潛在能力的事實。在追求靈性成長的過程中，自然會尋找到內在真正的力量，在此追尋當中，他們會變得越來越覺知，光體也變得越來越透明，最後會變得對他自己的光體有所覺知。

什麼是「愛的梅爾卡巴」（Hologram of Love Merkaba）？

「愛的梅爾卡巴」（Hologram of Love Merkaba）為一個高次元心

「愛的梅爾卡巴」（Hologram of Love Merkaba）生命的初始源自於愛的光球，一個源自於愛的意識。

靈意識的神聖顯化，祂能夠穿梭在所有不同層面的意識中，治癒任何形式的創造物，使他們恢復青春活力。隨著默基瑟德光體開發，由淺至深不同級次的開展，「愛的梅爾卡巴」也會繼續不斷昇級，帶領我們進入越來越高的意識層面，親身體驗無限光、無限愛的世界，而我們也將一步步啟動多次元無限層面光體，重新恢復自己原本具有的神聖靈性力量，開始真正做自己的主人，讓生命充滿更多的愛、喜悅與豐盛。

什麼是「透明光體」
（THE CRYSTALLINE LIGHT BODY）？

　　光體就是圍繞在我們身體外圍的光，形狀有如蛋形的氣場，我們的光體就是我們的神聖意識。在它最不可思議的狀態中，會產生出一個光的量子場，圍繞並穿透物質身體。只要啟動了我們的光體，人類成為神的意識也會跟著覺醒過來。這就是我們被創造出來與存在於此的最終極目的。當靈性成長，我們的光體便會形成一個美麗的球體結構，這是靈魂用以開悟，和我們的神我完全融合的完整生命藍圖。

　　我們的光體在最單純的狀態下時，從一個愛之花的圖騰開始發展，那是潛藏在我們遺傳當中的完美母體圖形。花瓣表示DNA的螺旋股，當它們啟動時，會立刻重新形成它們原來的完美形式。這些發現將形成一個新的量子科學，因為DNA當中保存有我們的最終本質、意識以及創造者本身的完整訊息。所以，愛之花的圖騰就是創造我們

的藍圖，而且它可以在大自然中、或是聖地的很多地方被觀察到，很多地方都出現過這個圖騰的雕刻。它是一個非常古老的圖騰，它表現出最完美的單細胞和宇宙結構。

　　所有神聖的幾何圖形，包含柏拉圖的立方體，均擁有神聖愛之花的圖騰。愛之花的圖騰又稱為愛的光球。我們的光體結構，是以光球的形式來展現的，那是因為這個愛的光球的容量在質量上是無限大的。這個球形概念的圖形，在它自己的結構中，是完全與完整的，也就是說它完全說明，並完整包含我們所有的資訊與能量。

　　在全息率中，每個小部份的訊息，都可以窺見整體事物的全貌，也就是說，我們可以透過一小部份的能量訊息，來讀取到整體的資訊與能量。因此，我們的光體在完美的狀態中其實是動態的，啟動愛之花的圖騰，也就等於啟動了愛的光球。了解這個宇宙就是這樣的一個動態光球所組成，由很多小的光球互相串連，在它之中的任何部份與

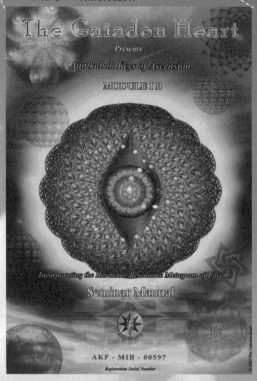

默基瑟德教導教導手冊《The Gaiadon Heart》。（朱力行提供）

The Gaiadon Heart

Presents

Aunkabah Keys of Ascension

MODULE IB

Incorporating the Harmonic Resonance Metagram of Love

Seminar Manual

AKF - MIB - 00597

Registration Serial Number

其他部份相連，一個接一個形成一個大的光球。光球母體是由許多小的愛的光球組合而成的，這個光體就可以被視為一個光球母體。

什麼是「愛的光球母體」？
（THE HOLOMATRIX OF LOVE）

我們的光體是一個完整的球形母體，由許多光球所構成，這些光球在所有創造物中綻放出合一的概念來。《默基瑟德教導》使用這個愛的光球母體，來形成基本的光體結構，提供一個更深入本我的靈性經驗，提升每個人內在的神性，到完全理解的新境界。在這個內在的旅程之中，光體啟動平衡並療癒物質身體，甚至擴及心智體與情緒體，以及其他因為創造與神性連結的分離，所造成的不平衡的部份。

光體的啟動也帶領我們進入古老智慧的源頭，當我們與過去許多進化的文明相連結，並從亞特蘭提斯、列木里亞、埃及、印度與馬雅等神聖的經典當中汲取智慧。當這些密碼與點化進入愛的光球母體上時，「梅爾卡巴」光體將重新被命名為「愛的翁卡巴」，這樣我們可以很簡單的吸收神聖Om的頻率，並且使Om的頻率進入光球之中。（Om的頻率是宇宙初始的原音）

這個旅程也允許追求靈性成長者重新回到完美、純真、純淨與神聖的最初始狀態裡，這也幫助人類種族的集體意識，透過那些已經同

意為了全人類靈性覺醒而服務的靈魂，一起提升到同樣的狀態中。你將完整的經驗到合一意識，你的光球母體——這許多愛之花圖騰構成的球體——也將綻放出所有的靈性，創造萬物之合一。透過這些實際上於內在探索的經驗，以及一些聲音的、光的與顏色的啟動，你將完全與你的高我、大我、以及女神、神的神我，合而為一。

默基瑟德教導如何傳進台灣來？

《默基瑟德教導》台灣首席教師朱力行老師，在一份特殊的因緣下，約於2002年至加拿大旅遊時，遇見一位美國籍女士。言談中，這位女士提及她所教授的《默基瑟德教導》內容有多麼的獨特殊勝，引起朱老師想要學習的興趣，因此有緣開始與這項教導連結。

朱老師長年研習西方古文明及神祕學，常閱讀到關於「梅爾卡巴」及開啟多層次光體的文章，內容多指出學習這種古代祕法的教導，有助於學習者獲得意識上極大的提升。當時朱老師即對這種祕法

產生濃厚興趣，卻一直苦無機緣尋覓到相關的教學系統。所以，當他一遇到這麼特殊的機緣，心中興奮的程度自是無法言表。他迅速展開前往美國、馬來西亞、澳洲等地的一連串學習之旅。

在學習過程當中，對於《默基瑟德教導》以深入淺出的方式，引領同學進入它博大精深的內容，以及它對意識提升所達成的顯著效果，朱老師深感信服並且充滿感激。他當時便立下心願，倘若以後因緣俱足，願將此充滿「無條件的愛」的神聖教導，引進台灣來，與更多朋友分享《默基瑟德教導》的豐富內涵，協助更多有緣人提升自己的意識，擺脫因循的陳舊思想及行為模式。

大約半年之後，因緣終於俱足，就在2004年一月份，朱老師開始將這神聖的教導，在台灣與朋友們分享。

大家一定也會好奇，學習這個教導的益處究竟是什麼？

其實《默基瑟德教導》的益處不勝枚舉，首先，它可以提高我們

細胞中光的振動頻率，協助我們進入更高的意識狀態。如果你是一位能量治療工作者，在學習這個教導之後，你的治療能量將會有大幅度的提升，這是因為你的光的載體可以承載更多的光了，可以攜帶更多光的頻率。你自己跟你的個案，都會清楚且立即地體會到。

同時，《默基瑟德教導》也能協助我們覺醒沉睡多世的光體，讓身心靈得到極大的轉化及獲得癒癒。因此，我們的心會更甦醒、敞開，接納及表達潛藏在內心深處的「無條件的愛」。而奇蹟似地，我們的意識也就越能處於無條件的愛的頻率當中，並超越自己的舊有習性，讓自己成為自己的老師，也讓我們的生命中充滿更多的愛、喜悅與豐盛。

默基瑟德教導的體驗

看了上面的敘述，相信大家都會和我一樣有股衝動，想要趕快體驗看看《默基瑟德教導》到底是什麼樣的課程。在聽說這樣的課程不久候，一位共同學習彩光針灸的同學David，打電話來邀我去參加《默基瑟德教導》說明會，那時他的脊椎受傷老毛病復發了，在家休養了近一個月，他聽說《默基瑟德教導》當中，有一部份是關於「更改身體健康密碼的冥想」，他認為這個課程對我們的健康很有幫助，所以邀我一起去參加。我心想反正有伴，一起去聽聽也無妨。

這個教導很新穎，1997年八月，距今才十二年，籍著靈媒Alton傳遞上天的旨意及訊息後，才出現在地球上。根據圖特上師表示，這個教導第一次出現在地球上時，是在古老的亞特蘭提斯時代，由鯨魚、海豚在自我探索以及較高學習的神殿內介紹給人類的。而傳入台灣的大功臣——朱力行老師，本來是教光的課程的老師，後來受到靈魂的召喚，才因緣際會的知道，國外有人專門教「默基瑟德」這樣的課程，因此，遠渡重洋國外求法，後來才發現，原來這是因為他的靈魂曾經承諾過，要將默基瑟德教導帶入台灣來。

在《默基瑟德教導》說明會

上，朱老師送給我們每人一片CD結緣，這片CD的名稱是「重生火焰的冥想」。光聽這名字就很很吻合我當時的心情。接下來朱老師簡略介紹了一下什麼是「默基瑟德」，以及這個教導的基礎──「啟動愛的光球梅爾卡巴」。梅爾卡巴是一個旋轉的光場，可以喚醒你的球體意識，因而提昇人類細胞構造中的光的振動頻率。一旦啟動之後，梅爾卡巴可以協助我們進入提昇為更高的意識狀態。

那是一個無條件愛的頻率：【13:20:33】，簡而言之，這個頻率就是基督意識，在學習的過程中，學員的心將被喚醒並且更能向無條件的愛敞開，這個敞開也將延續到日常生活當中……。而學員的治癒能力也將會提高百倍。當我們聽到這裡時，我和我的夥伴David已經笑得合不攏嘴了，這正是我們想要的，它具有治癒以及活化萬物的能力，因為它是來自於神的振動頻率。

接下來朱老師帶領我們做了一個冥想，要我們體驗無條件愛的頻率。他說：

「想像被一個外表有『生命之花』花紋的光球所包圍，然後想像這個球體開始旋轉，接下來以33,000倍神的速度加速旋轉。」

哇塞！當時我看到當球體快速旋轉時會變成光！接著，老師要我們加速旋轉到66,000倍神的速度，這時我的心跳已經加快，身體開始發熱了，光球也迅速膨脹、擴張起來，然後老師又說：

「加速旋轉到99,000倍神的速度。」

奇妙的事發生了，我看到光球不見了，眼前一片平坦，形成了宇宙。團員中每個人的體驗都不相同，有的人則感受到有一種非常精緻、細微的能量，圍繞著他們。

這真是奇妙的經歷，David和我決定上這個課程，我們這一票朋友只要碰到了能量這種東西，就毫無招架之力，看來，應該會有很殊勝的經驗及收穫。

體驗「無條件的愛」

朱老師曾經開玩笑說：「默基

瑟德班是哈利波特的養成班，大家的光體經過開發之後，可能很多過去的潛能也會被記憶起來。」老師還開玩笑的說，到時候如果有更好的成就，可不要忘了回去告訴他。

我覺得上「默基瑟德」課給我的感覺是較偏向基督意識。在「默基瑟德1A課程」當中，我才明白基督意識並不是指耶穌基督的意識。基督意識是指整個天使聖團的意識，而耶穌基督只是天使聖團當中的一位高靈。如果你是相信天使的天使派，相信你對這個教導會很喜愛。「默基瑟德1A課程」雖然只有短短四天，卻可以讓我們有效的進行光體的快速提升，光體提升了之後，意識也會跟著大跳躍。目前的地球還正在第三次元中，第三次元的世界是指二極對立的世界。

也就是說，我們的光體會從目前的第三次元，先行進化到第五次元之中，第五次元是一個比第三次元更充滿愛與光的世界。據說在2012年之後，地球會進入全體意識的大躍升，同時進入第五次元，上這個課程的好處，就是為了迎接將來的新地球，提前做好準備。

「默基瑟德1A課程」讓我們的光體快速的提升到第五次元。「默基瑟德1B課程」則是讓我們的光體從第五次元提升到第七次元或以上的階段。當然次元越高，代表意

默基瑟德1A課程

「默基瑟德1A課程」要上四天的課程，上課的內容如下：
1.啟動愛的梅爾卡巴、並昇級為軌道梅爾卡巴。
2.光能治癒系統啟動，啟動頻率光束，穿梭時空。
3.體驗豐盛意識、淨化初始思想及情緒，統一意識手印。
4.穿梭時空連續，接收、啟動古埃及"Ankh "生命之鑰。
5.穿梭埃及金字塔及獅身人面像，接收古文明智慧和祕義教導光的密碼。
6.啟動松果體，接收五種古代語言，包括：埃及、希伯來、梵文、藏文與中文的光的密碼。
7.啟動脈輪光盤，加速轉化以啟動光體。
8.進入宇宙思想波動模式，與第五次元頻率接軌。
9.進入、體驗「無條件的愛」的頻率。

識與光體的提升也越高，不過你必須要先經過「默基瑟德1A課程」之後，才能進入「默基瑟德1B課程」。

第一次上「默基瑟德1A課程」心裡滿是期待，期待透過來自亞特蘭提斯的古文明祕法，多少可以窺得一點奧祕。雖然朱老師說這是哈利波特養成班，不過對我們這些初學者而言，把這個課程形容成睡覺班好像比較貼切。1A的課程是跟默基瑟德天使上師們接軌，有很多的點化冥想，一整天經歷太多次的點化冥想，能量太強的後果是整個人昏昏欲睡，而且眉心輪很脹，很不舒服。最後，我只好放棄觀想，用耳朵跟著引導的節奏進行。就在我放棄努力的觀想之後，以平常心再度進行課程時，人果然舒服多了。

每次到了休息時間，同學們都一付好像剛剛睡醒的樣子。每個人神遊太虛之後，呵欠連連，有些人已經躺在地上休息了（上課睡不夠，下課繼續睡）。我想，可能是剛開始接觸到太多的能量，大家還不太習慣吧。

其中我對體驗「無條件的愛」的頻率，印象最為深刻。老師要我們二人一組，面對面距離三步遠站著，然後二人從心輪投射出光束，互相與對方連結。接著以33,000倍神的速度旋轉；再加速到66,000倍神的速度；再加速到99,000倍神的速度。

我最初連結到的心輪的光，是很濃稠的白光，但隨著加速旋轉，能量慢慢變成透明珍珠薄霧狀，當能量運轉到最高速時，白光幾乎看不見了，變成了透明。這時我突然明白了一件事，也體悟出一個道理，那就是二個相愛的人，不一定要每天膩在一起，長相廝守才叫做愛，當愛的頻率昇華，以若有似無的關係，有時即使分離了，感覺好像不在對方的身邊，其實相愛的能量並沒有消失，反而是以更高、更精微、更細緻的方式連結著彼此，彷彿二人從來未曾離開過，何言分離，而這正是愛的昇華。

老師要我們走向前一步，以印地安人的方式相互擁抱，即二人面對面，用左邊的心臟對著對方左邊

心臟緊緊的靠在一起，在擁抱的剎那間，突然一股能量包圍了我的身軀，那是salenda上師的擁抱，那是一種無「條件愛的頻率」，像是被擁抱在無垠無際的光之海中，我在光之海中翩翩起舞，同一瞬間淚水決堤，溼了衣襟。

那是一種心靈深處的悸動，好熟悉的場景呀！我的淚水不停滑落，不是悲傷的感覺，而是靈魂深處的觸動。好像我本來就屬於那裡，與其說是喜悅的感動，不如說是一剎那間感到心輪有一股愛的能量不停泉湧而出，好像被天之父擁抱的感覺。不由得想起這輩子我最愛的小孩、老公、親人們，還有已過世的父母親，我邀請他們在金色的光海中一一浮現，一起享受這份愛的頻率。我頓時在愛的光芒中，感覺緊緊地與他們相聯，我好愛好愛他們。

其實我一直很恐懼分離，尤其是死亡的別離，那是每個人生命中不可承受之「重」，每一次的分離對我而言都是非常沉重的打擊，在人生的旅途上，卻又是無法避免的事。每一次親人的死亡分離，都會牽引出我內在深層的恐懼，一度我在悲傷裡跌倒了，覺得自己再也無法承受這些傷痛了，如今，好不容易從悲傷之中爬起來，又再度面對人生的挑戰。但現在，我終於明白，明白了這層更深的道理，在愛當中，我們何嘗真正分離過，母親過世之後對她的想念，這時終於得到撫平。

默基瑟德教導

指導老師：朱力行

男性，在身心靈領域浸淫十多年，是台灣地區《默基瑟德教導》的代表性人物。

教授課程：

《默基瑟德教導》、《光的課程》、《馬雅聖曆》、《天使長與天使》、《多次元DNA啟動》等。

【課程內容】

《默基瑟德教導》1A課程內容：

《默基瑟德教導》將帶領大家與慈悲及智慧的上師連結，並親身經歷個人光體的啟動過程。開啟你塵封已久的心，提昇至全然的覺知，你是誰？你的天命何在？當你接收許多嶄新的靈性禮物及光的密碼時，不但能清理你的細胞雜質，也會轉化你的物質體、理性體、情緒體及光體，你將為自己的開悟做好準備。《默基瑟德教導》將帶領你探索內在意識最深邃的跳耀意識量子，探索你最深層的潛能，進入神的意識。

上課地點：神聖恩典心靈空間

課程費用：21,000元

報名：

高談部落格 http://www.wretch.cc/blog/cultuspeak

第九章
歐林的教導

第一次和Lucia老師通電話，就十分欣賞她對待事情，所抱持的正向與充滿力量的口吻。雖然，我們當天討論的不是關於歐林的教導，而是另一本關於歐林的書。她在電話裡斬釘截鐵地告訴我：「歐林的教導充滿了邏輯與科學，可以具體地以數學或物理分析來加以討論，但也符合神祕學的內涵。」

第一次見到Lucia則是約在她上課前的一個小時，心想要好好的向她討教關於歐林教導的內涵，這才發現，這位學科學的「歐林老師」，除了清楚的邏輯思維之外，還充滿了身心靈修行者溫暖、關懷、充滿愛與光的真實內在。因而，在結束我們一個半鐘頭的談話，耽擱了她的上課時間之後，我立刻衝進書店買下所有關於歐林的書籍。

歐林六書

相對於賽斯的思想廣博，歐林則是一位務實而值得親近的高靈。從歐林一系列出版的書，可以了解歐林以生活中最平凡的例子，一步步教導我們走向真理。歐林共有六本書，前面四本，在台灣已有中譯本，分別是：

1.《喜悅之道》（Living With Joy）
2.《創造金錢——豐饒之鑰》（Creating Money）
3.《個人覺醒的力量》（Personal Power Through Awareness）
4.《靈性成長》（Spiritual Growth）
5.《靈魂之愛》（Soul Love）
6.《打開靈通之路》（Opening to Channel: How to Connect with Your Guide）

喜悅之道——常保喜悅的三項修鍊

歐林說：「我將幫助你觸及你的靈魂以及靈魂的更大覺知，幫助你透過靈魂的眼睛去發現那等著你的喜悅。」當一個人體會靈魂的覺知，喜悅會自然成為生命的一種頻率、一個步調，生活自然帶有無所不在的樂趣和喜悅。

創造金錢──打開金庫的四把鑰匙

兩位對能量的運用充滿智慧的高靈歐林與達本（Orin & DaBen），透過珊娜雅與杜安的導靈，將創造財富與豐富的靈性法則告訴世人，成功幫助成千上萬的人運用磁化技術吸引自己喜愛的人事物，並找出彰顯成功富裕的關鍵。

個人覺醒的力量──啟動力量的四個技巧

歐林認為更高的能量，能教導你認識未受任何染污的力量源頭，同時盡快地重整自己的能量，為自己帶來更高的光明。書中提供實用方法去感知能量、運作能量、想法和使用光的工具，幫助你轉化自己和生活，並增加你的直覺能力。

靈性成長：轉化生命的三種層次

歐林說存在的目的，是因為我們正在經歷一段重大的轉化和覺醒，祂要協助我們在地球生命中，成為我們的大我。在靈性成長被重新詮釋，並成為人們探索心靈支持的過程中，與每個人分享。

靈魂之愛：提升關係的四種途徑

第一部分：《與你的靈魂融和》，你將進入靈魂次元，接受光之靈的能量傳送，幫助你與靈魂融和。第二部分：《開啟你的心輪》，將開啟你的三個心輪，當三個心輪一起運作時便能表達一種智慧而開闊的愛，稱為靈魂之愛。第三部分：《創造靈魂的關係》，你將學習創造靈魂的關係與愛，揭開新的方法去愛自己與別人，吸引能回應你的愛的人。第四部分：《接受與傳送愛》，你將創造愛的轉輪，學會如何與高靈、指導靈一起對人類及其他生物傳送愛。

打開通靈之路──增長智慧的七種管道

歐林和達本兩位高靈認為，通靈是連結高層次的指導靈的通道，是人們在靈性開展過程中的重要途徑。人們將學習相信內在的指引，以自我創造和自我教導的方式學習。歐林和達本希望，通靈的人能在連結高層次的指導靈後，將通靈運用在靈性成長上。

歐林教導的精華——開啟光體

與Lucia碰面的那天，她正要去指導學員進行開啟光體的課程。這課程只要六至七個月就能結束，相較於光的課程必須花上數年，實在短得多。半年的時間，究竟可以讓自己的光體達到何種境界？更引起我對這個課程的無比好奇。

在歐林教導中，開啟光體是一個最重要的課題，它能幫助你揭開那層生命的薄紗，清楚理解你到這個世界來做什麼；知道自己是誰；同時讓你能夠更明白自己的人生目的。在歐林的教導中，光體是存在於更高層面的能量體，比脈輪系統更接近靈魂。它由七個振動能量中心及三個光體中心所組成。開啟光

體是由歐林和達本所教導，其原則是將分屬於人體左右兩邊的邏輯思維與情感思維（或稱理性思維與感性思維；男性特質或女性特質）喚醒，當左右兩邊都發展到一定程度後，自然在人體的能量場中央相互靠近、融合，並開啟光體。而啟動、振動能量體中心和光體中心，將轉化舊有的限制和信念，讓我們體驗靈性的愛、力量、智慧、喜悅、豐盛、光與願景。

開啟光體是由歐林與達本兩位靈性導師，為那些已準備好在生命中大躍進、發願在靈性上成長精進，以及將在這個世界扮演重要角色的人，所精心設計的最先進、便捷的修行方法。他們說：「對於光體的開啟而言，那是聽見且回應內在的呼喚，並預備好踏上一段美妙的靈性成長旅程。」

歐林與達本明白在新的世紀來臨時，堅持靈性道路以及成為光之源的承諾，是多麼的重要。如果你抱持開放的心，便能在宇宙的能量場中接收能量，並開啟光體，讓你能調和、振動能量體，並在光體中

心開啟時綻放光芒。從高次元看，你將更為清晰可見。

或許有人會問：為什麼要開啟光體？

歐林與達本解釋道：「當你的光體開啟，你將從內在發出一個高的振動頻率波，它將改變你的生活並對周圍的世界產生正面的影響。當你能夠散發更大的光，你將吸引機會，為這個世界帶來改變。當你的光體逐漸開啟，你對自己的靈性成長、開悟與對世界的奉獻、服務的目標會更有覺知。」

當你的能量協調之後，你也會更容易選擇活在更高的能量流中。在這股能量當中，你能在最適當的時間，出現在最適當的地方，並且發現所有事情的發生都變得輕鬆而愉快。當你協調你的能量體，你自然能夠輕鬆自如的運用吸引力法則，並發現許多事情都在你需要它們的時候，自然來到，這時，你最大的挑戰是，允許自己感受無限的美好和接納更多的豐盛。

正如歐林的訊息：「開啟光體能在你的個人關係上創造巨大的變化。當你的能量變得更高、更美麗、更閃耀，在你周圍的人便會開始以更高、更有愛心的方式回應你，你的心將更為開放，而你也會了解什麼叫做『大我的愛』。」

新時代的挑戰

就如同Lucia告訴我的，當你能夠精確的連結能量體中心，你就能開始在脈輪創造和諧的流動，它會同時影響你的脈輪、心智體、情緒體與肉體。而我也相信，當你能夠對這些能量與能量中心運作自如時，許多情緒上或是心智上的問題，便會自然而然轉換，而不會再成為你的困擾。

在大挑戰接踵而來的新時代中，透過連結你更高意識的靈魂、靈性，憶起你內在圓滿俱足的神性，了知生命的實相，是每個人一生中最重要也是最具轉化性的旅程。就如同歐林六書中所揭櫫的「喜悅、豐盛、力量、成長、和諧與智慧」，不也是你我最期待的人生境界嗎！（文/許汝紘）

歐林工作坊

指導老師：Lucia

1991年修習光體能量，2002年進行開啟光體教學。譯有歐林書：《創造金錢》、《個人覺醒的力量》、《靈性成長》、《靈魂之愛》以及《開啟光體相關課程》；並與 Faith合譯《靈魂占星筆記》。

個人部落格：生命之花

http://blog.xuite.net/lucialuo/floweroflife

【課程內容】

特色：

創造金錢、個人覺醒的力量、喜悅之道、靈性成長、靈魂之愛、開放通靈

上課時間：不定期開課

上課地點：文大推廣部身心靈中心

費用：4,500元

報名：文大推廣部身心靈中心

網址：http://www.sce.pccu.edu.tw/ 活力養身館

地點：台北市大安區建國南路二段231號

諮詢專線：02-27005858分機1

中國文化大學推廣教育部
SCHOOL OF CONTINUING EDUCATION
CHINESE CULTURE UNIVERSITY

身心靈中心
Center of Integrated Life

第十章
海寧格家族系統排列

「家族系統排列」是目前歐洲盛行的一種心靈工作法，是由德國海寧格大師（Bert Hellinger）所發展出來的心靈治療的技巧，也是一種「靈性的移動」（The Movement of Spirit）。海寧格家族系統排列教導我們向更大的宇宙律則學習，海寧格大師曾經以華人的語彙詮釋「家族系統排列」的意涵時說：

「就是向『道』學習，『與道同行』。」

海寧格大師發現，人類的家族系統也有一個隱藏的律則在運作著，海寧格大師稱它作「愛的序位」（The Orders of Love）。他認為每個人在家族裡都有一個愛的序位，當這個序位錯亂了，就會造成人的心靈混亂，所以「家族系統排列」被定義成一種心靈層面的輔導工作。家庭中所發生的許多負面

的事件，包括：家庭失和、身心疾病、傷害、自殺、意外、犯罪……等等，這些意外事件，常常都是家族先人之中，某些人因為抵觸了這個「愛的序位」律則所導致的結果。海寧格大師認為，有些不好的事件會重覆不斷地發生，從上一代延續到下一代，就是因為家族中的某些成員，受到這些脫軌秩序的影響，所以才會不斷的重覆前人錯誤的行為模式，並在今生造成困擾與創傷。

因此，為了要讓我們清楚地看到整個事件的真相，進行海寧格家族系統排列時，老師會在所有的學員之中，以直覺挑選出角色扮演的代表，來代表家中成員的相對角色，再將這些代表的互動位置排列出來。海寧格大師發現，在這樣的排列過程裡，這些互不熟識的

學員，竟然可以感受到所代表者的深層感受、想法與徵兆。第一次接觸到「家族系統排列」的人，常常會對這個現象感到驚訝與疑惑，但是在自己體驗過之後，就會比較明白，「家族系統排列」是藉由此場域現象（field），來探索當事人的家庭所隱藏的動力，並透過排列師的引導與代表們的相應位置及感受，來瞭解問題背後的根源，進而找出真相。

最後，透過代表肢體或語言的互動，與排列師有時必要的介入，藉著恢復家庭裡「愛的序位」，讓

「家族系統排列」治療，讓停滯的愛可以再度恢復流動。

停滯的愛可以再度恢復流動；那些被家庭排除的人、早夭或是墮胎的孩子、發瘋、自殺的家族成員、甚至是曾經駐留在父母生命歷程裡、短暫而深刻的愛人，也都應該還給他們在家族裡應該有的位置。海寧格家族系統排列，讓我們看到所有事件與關係背後的影響，這份清晰的看見，將令我們從舊有的關係糾葛之中得以放鬆、脫離，帶來明晰的智慧，創造出新的和諧，回歸到正確的序位中，恢復正常的生活運作。

海寧格大師曾說：「家族排列最重要的是，要了解在每個行為背後，在很深的層面裡是否有愛的運作，這也許令人難以理解。但這也就是為什麼在所有的輔導方法中，最關鍵的決定性因素，會是『找出哪裡是愛建立起來的地方』，而解決之道，也總是必須從愛的對應關係當中才能找到。」

海寧格家族系統排列透露出人類共享的一些非常基本的靈性精髓，包括同體大悲（All in one and One for all），它將關係的知識訊息具像化，瞭解我們所屬系統的深刻序位歸屬需求，並且尊重「一切如是」時的自在。從家族系統排列中可以看到，靈性成長是要先尊重與承認自己的根、自己的父母，聯繫背後生命的力量，回到生活當下來實踐，才能為生命服務。海寧格大師這種實用的心靈智慧，風靡了全球三十幾個國家，有百萬人以上體驗與學習、運用這個方法，來重新整合他們的家庭與心靈。

在華人地區，台灣海寧格機構是由周鼎文老師，於2002年所創辦成立。在海寧格大師的授權、協助之下，海寧格機構經過了多年的經營推廣，幫助了許多家庭與個人去面對自己的生活困擾，並改變他們的人生。周老師並受邀至許多公益單位中服務弱勢族群，同時著手系統排列師的專業訓練工作，讓助人者能更瞭解個案背後的動力根源，提供更大的心靈協助。現在海寧格家族系統排列師在周老師的努力下，在全台散枝展葉，開花結果。今年六月上旬，八十多高齡的海寧格爺爺，還受邀親自來台授課，堪

稱是今年身心靈界的重要盛事。

值得一提的是，系統排列也可以用於企業之中，稱為「組織排列」。它可以幫助我們在極短的時間內，取得組織結構、人際關係等深層資訊，並在尋找解決之道的過程中，激發出許多有用的新構想。「組織排列」適用於營利與非營利組織，以及個人工作、抉擇、人際關係等問題上，讓人們看清楚事情真實的動力與未來的方向，以作為組織管理、人事、行銷、轉型等重大決策的參考；個人也可以透過學習這個方法及哲理，更有力量地調整人際關係，進而清楚規劃自己的生涯。

（編註：上述內容部分參考自海寧格機構網站）

我的海寧格家族系統排列初體驗

第一次接觸海寧格家族系統排列，是聽見一位朋友談起的，她說：「飾演角色代表的演員們好像

海寧格大師

伯特·海寧格（Dr. Bert Hellinger）出生於德國，擁有傳奇的一生，年輕時經歷過世界大戰，並在南非擔任天主教神父超過二十年。之後，他卸下神職回到德國進修心理分析法、完成療法、原始療法與交標分析等訓練，成為一位優秀的心理治療師。

在長年的學習和實踐過程中，他認為每個系統中都有一些法則存在，通過成員代表，伴隨對已發生事實的尊敬和體認，我們可以改變

海寧格大師與周鼎文夫婦合影。

並扭轉一些沉重的命運、以愛擁抱和平。海寧格大師所創新、整合的「家族系統統排列」，為心理治療醫學帶來極大的震撼，其洞見貫穿治療的核心，更引起人們心靈深處的共鳴，而被譽為本世紀心理治療界的國際大師。

是被附身一樣的神奇，竟然可以正確無誤的演出當事人家中的情況，而指導老師更好像靈媒一樣的感知到能量的流動與變化，進而穩住全場的能量，進行角色對話。」

當朋友這樣告訴我的時候，我其實是半信半疑的，半信的是朋友不可能騙我，半疑的是互不認識的人，沒有劇本也沒有台詞，怎麼可能知道要如何演出所扮演的角色？

在一個初春的下午，朋友打電話來緊張兮兮的告訴我，一定要試試海寧格家族系統排列，因為她前幾天參加了海寧格家族系統排列亞洲大會，聽到海寧格大師說：

「在很多癌症患者的身上看到，『不喜歡自己父母的人，沒有活下去的權力』這樣的念頭。」

朋友要我一定要試試看家族系統排列，在徵求我的同意之後，朋友熱心的馬上幫我安排了家族排列師。

要去進行排列的前一天晚上，我突然覺得全身上下不對勁，胃部怪怪的很想吐，好像感冒了一樣的不舒服。第二天到家族系統排列地點，我告訴排列師我的狀況，老師以如鷹般銳利的眼神看著我，只點了點頭也沒有多說些什麼。接著老師要我靜靜的坐在他旁邊，靜靜的觀看整個過程的發生，不需要下場扮演任何角色。

排列就要開始了，老師先挑了幾位朋友扮演我家族裡的各個角色，朋友扮演我母親，另一位則扮演我自己，有一位在場的男士扮演我父親，還有人扮演我的女兒和老公，我則坐在旁邊觀看所有的過程。

過程中我的情緒非常激動，淚流滿面，我驚訝地看著那位扮演我母親的人，不情願的一步一步蹣跚邁向死亡，最後躺在地上一動也不動。那位扮演我的人，跪在我母親身邊，不斷的抽搐哭泣著，不久之後身心俱疲，也躺了下來。更令我毛骨悚然的是，接下來扮演我女兒的人，好似非常害怕的模樣，摀著臉不斷的移動位置，到處躲藏。排列師說：「看看妳的女兒吧！當妳倒下之後，下一個就會是她。」

115

我在心裡尖叫著。自從母親去世後，我總是自顧自的傷心，生病後從來也沒顧慮到女兒的心理狀態與想法，原來女兒心中是那麼樣的害怕失去我。為了女兒我一定不能倒下去，絕不能讓女兒重蹈我的覆轍，不管怎樣都要想辦法活下去。排列師告訴我說：「如果妳不能走出悲傷，也倒下了，那麼世間只是多了一個可憐的人而已，對這個世界並沒有什麼幫助。」

接著他說了一個夸父追日的故事，意思是說夸父最後用盡了力氣而死，永遠也追不到天邊的太陽。他的話讓我陷入沉思。

這次的家族系統排列經驗，讓我血淋淋的看到了自身的處境，自己的行為模式原來是這個樣子的。我看到自己的盲點，也讓我明白了人與人之間命運的牽連相繫。如果今天沒有來進行家族排列，恐怕自己把能量都給了恐懼與悲傷尚不自

互不認識的人，沒有劇本也沒有台詞，竟然可以演出個案家庭中的劇情，這就是家族系統排列療法的奧妙。

知，我真不敢想像，將來的自己會變成什麼樣子，現在我終於明白了，往後的路該如何走下去，不僅僅只是為了自己，也為了女兒，為了我的家庭。

親身參與排列的老妹對我說：「實在太神奇了，那位排列的老師是關鍵的靈魂人物，他好像會通靈般的指揮全場。而那些角色扮演的人，好像被附身了一樣！他們根本不知道我們家的狀況，怎麼會演得那樣神準呢？」

如果不是親身經歷看到，老妹說她才不相信世界上竟然會有這種事。一些不明究理的人竟可以把角色演得如此逼真，真不知道那些人的情緒是從哪裡來的。

老妹的這些說詞，讓我不禁想起一位婚姻失和的朋友。我曾在自己進行過家族系統排列之後，邀請這位朋友去參加家族排列工作坊。當時朋友在台下觀看整個能量的流動狀態，覺得台上那些人演得實在太逼真了，她懷疑那些角色扮演的人，之前曾經有過演戲的經驗，還頻頻對我說她不相信那是隨機挑選的角色。不久，排列師需要一位飾演媽媽角色的人，於是挑上了我那位單親媽媽的朋友上台去飾演。結果，我那位朋友演得比其他人更誇張，還哭到跑到角落裡去了。事後，我問朋友為何如此激動，朋友告訴我，當她進入了那個角色之中後，她內心的悲傷被觸動到一發不可收拾的境地。

後來我才知道，這是一種訊息場域的傳遞與接收。人類的心靈活動應該都是相通的吧，人同此心，心同此理，所以我們可以感受到其他人的感覺，這與心理學家榮格的集體潛意識的論點，似乎也有異曲同工之妙，我想這正是家族系統排列，能夠如此神準的原因吧。

海寧格談墮胎對媽媽的影響

「愛是所有問題的根源」。海寧格家族系統排列裡，有兩個很重要的觀念必需被強調，其中一個是「墮胎」；另外一個是「收養」。這二個問題都是當今社會上，隱而不宣但確實存在的家族問題。

在性行為開放的今天，人們已經越來越不在意性行為所帶來的影響，性關係變成一種不負責任的態度。海寧格大師對性關係有其獨到的看法，他認為性關係是一種靈魂與靈魂深處的連結，這是一件非常慎重的事情。當你跟對方有了性關係，你們彼此之間就有了看不見的連結，而且那是一輩子的事，性行為也會產生愛的序位，這跟一般大眾所理解的「性行為只是一時的歡愉」的看法截然不同。

海寧格大師說：「墮胎對媽媽有非常深遠的影響，對爸爸也是一樣。當一個孩子被強制墮掉的時候，孩子的處境是被驅逐出去的，而媽媽心靈的一部分，也會跟著孩子一起被驅逐出去，有時候甚至連身體的一部分，也會和墮掉的孩子在一起。」

問題是媽媽要怎樣去收回，跟墮掉孩子在一起的那個部分的心靈呢？她要怎麼樣收復她失去的部分身體呢？那就是，她必須要完完全全地去面對這個事實。海寧格大師認為：「媽媽與爸爸，如果爸爸也同意進行墮胎的話，他們就等於殺了一個孩子。」他們必須對這個孩子說（特別是媽媽）：「我殺了你。」很奇怪的是，當她願意去面對的時候，自然就會產生治療性的效果。面對這個事實對孩子也有很好的影響，因為，不再有什麼東西是被掩蓋了。

媽媽必需真正地看到被墮掉的孩子，面對自己所造成的罪惡，也允許自己被這個孩子所注視，然後她才能夠真正坦然地說：「我很抱歉。」這時候，她才能夠為這個孩子感到憂傷，如果這個孩子能夠看到媽媽的憂傷，心裡就可以得到和解。如果媽媽能夠做某一件特別好的事情，來紀念這個孩子的話，媽媽反而能夠增長力量去做好事，那孩子就會感到他的死去並沒有白費，這才是所謂真正的和解。

有時墮胎會讓父母親感到罪惡，為了解除這些罪惡感，最常見的解除方法是懲罰自己，我們叫做「贖罪」。譬如說，媽媽後來開始生病了，或是她放棄伴侶關係，或是她甚至想要死去，就是為了要為這件事情贖罪。在潛意識裡，她想要用償付來讓自己得到解脫，這樣的贖罪方法在心靈的層面上是完全自私的，因為她不想面對自己的罪惡，所以在墮胎之後，二人的關係會產生變化，最常見的結果是分手。

那麼我們如何透過家族系統排列，來幫助當事人面對呢？海寧格大師認為，每一個罪行在經過一段時間之後，必須要有一個結束。媽媽必需把她心裡的一個位置給予墮胎的孩子一段時間，然後，她就必須讓這個孩子離去，好好地死去，真正地安息，那樣才算是一個事件的結束。

海寧格談如何正確的收養

海寧格大師說：「如果孩子不能由親生父母養大，那麼最好的選擇也許應該是祖父母，通常他們對孩子們有最緊密的連結。如果他們能夠帶這些孩子，一般來說，這些孩子就能夠被照顧得很好，孩子回到父母那裡也會比較容易。」又說：「如果沒有任何祖父母還活著，或是父母不能夠帶孩子時，那麼次好的選擇通常是姑姑或阿姨、叔叔伯伯或舅舅。只有在家裡沒有人可以教養孩子時，最後才會考慮到求助於收養。」

當一對夫婦出於自己的需要來收養孩子，而不是出於關心這個孩子的幸福時，他們就是從孩子的親生父母那裡獲得了那個孩子，以滿足他們個人的需求。對於家族系統來說，這樣的行為相當於從親生父母親那兒，把孩子偷走，在家庭系統內會有非常嚴重的負面影響。

到底是出自於什麼原因，使親生父母必須把孩子交給別人收養，並不是很重要，反而是養父母最後都必須付出同等的代價。例如：伴侶們因為錯誤的理由收養了一個孩子，通常他們在那之後，就很可能

海寧格大師參與台灣海寧格機構的活動。

會離婚。伴侶關係的犧牲，是對剝奪了孩子的親生父母的一種補償，即使孩子的親生父母並不這麼想。但海寧格大師認為：「不當的理由收養孩子所造成的後果，包括離婚、生病、流產和死亡。這種動力情況最具破壞的形式是，這對伴侶的親生孩子之一會生病或自殺，藉以表達出這種動力背後的意義。」

對被收養的孩子來說，怨恨養父母認為他們不愛自己，並且不珍惜他們的給予，這種情況也很常見。所以在中國的社會及觀念裡，隱瞞收養的事實，不讓孩子知道他是被收養的情形，很常見。

親生父母把孩子遺棄交給別人收養，有時候並不是絕對必要的。但是如果他們這麼做，那麼孩子對親生父母的怨恨是合理的，但是養父母卻成了孩子怨恨的目標。如果

養父母又隱瞞收養的事實，取代了親生父母的位置，那麼處境就會更加糟糕，對孩子來說等同於偷竊。

海寧格大師認為，如果養父母很清楚地知道他們只是扮演「臨時父母」的角色，那麼孩子的負面情緒，就會停留在以親生父母為目標，而這些養父母就能得到他們應得的評價。如此對於養父母、養子女都將是一個很大的心靈上的紓解。身為養父母，無論他們是誰或是做了什麼，他們都是在親生父母之後出現的角色，如果這個先後的順序能夠受到尊重，那麼這個孩子就能夠接受和尊敬養父母了。

在海寧格家族排列的案例中，有一個很具代表性的例子，我舉這個例子來幫助我們瞭解，家族中因為收養了一個孩子所產生的能量流動的變化，以及不當收養所帶來的後果。這個案例是這樣的：

有一對夫妻收養了一個孩子，後來丈夫和妻子分手了。他很關心養子的監護權問題，在家族排列的治療中，他把養子放在他和妻子中間。排列師問他：「一開始是誰想要這個孩子的？」男人說是他前妻想要收養這孩子。排列師告訴他：「是的，她為了這個孩子犧牲了她的丈夫。」此時，在家族排列中代表養子的那個人，突然覺得很虛弱，想跪下來，排列師便要他照著感覺去做。當排列師把養子的生母排到他後面時，養子跪了下來，之後養子轉向他的生母，他心中感覺到一股很大的紓解。

接著排列師把養父母的代表帶到他的後面，如此養父母就可以看到養子向親生父母下跪的情況。當養父母看到了這個畫面，他們彼此感覺又變成了一對夫妻。這個故事的意思是說，家族中的成員，每個人都有屬於自己在家族中的序位，養父母的序位在孩子的親生父母之後，養父母永遠無法取代親生父母的位置，這是養父母必需清楚理解的。如此，養父母不需要為了爭奪這個孩子，而犧牲掉自己的婚姻關係。

收養孩子的時候，讓孩子把對親生父母與養父母的稱謂區分開

來，會很有幫助。養子女要清楚地對親生父母和養父母使用不同的稱呼，將這些身分區隔開來，例如用「父親和母親」與「爸爸和媽媽」來分別稱呼雙方。養父母不應該把養子女認同為「我的兒子」或者「我的女兒」。他們和養子或養女之間的關係應該要比較像：「我們收養了這個孩子，我們是代表親生父母來照顧他，這個訊息有著非常不同的品質。」

海寧格大師這麼解釋道：「養父母對於親生父母要保持很深的尊敬，並且他們要很清楚地讓孩子看到這個尊敬。通常，養子或養女最好是繼續用他們的本名，這樣就可以清楚並持續地知道這是一種收養關係。」

再度體驗海寧格家族系統排列

我的療癒記事一直與母親脫離不了關係。母親從小就送給了別人當養女。日治時代外公、外婆家境不錯，外公在煙酒公賣局上班，是捧著鐵飯碗的公務員。但國民黨來了之後，個性大而化之的外公因為參加了朋友的聚會，被扯上了二二八事件。二二八事件的導火線，正是由外公工作的煙酒公賣局所引發的，當時牽連很廣，一夕之間風雲變色，外公半夜被軍警抓走，之後生死不明、消息全無。外婆說：「淡水河畔滿佈被槍決的屍體。」那真是像人間煉獄一樣恐怖的情況。外婆心想外公可能已經被槍決了，天亮之後便沿著淡水河岸，把所有被槍決的屍體一具一具翻開，看看外公是否在裡面。我記得外婆曾經跟我說過，「當時，要不是六個小孩嗷嗷待哺，真想一死了之。」

當我再一次排列了與母親之間的關係時，結局也令我很意外。母親在婚前就懷了我，我一直懷疑母親當時可能不想要我，所以在心靈深處一直有種被母親排斥的分離感。在一次靜心之中，我無意中回

朔到了胎兒時期，我在母親子宮裡快樂的游泳，感受到母親的幸福，原來當時母親並沒有不想要我，即使母親的婚姻後來失敗了，但是當時對懷有身孕的她來說，生命仍然充滿幸福，人生也依舊充滿了希望。

母親因為生病的關係，一直很努力尋求各種身心靈療癒方法，在我的靈性成長道路上，關鍵的引導者正是我的母親。她做過很多奧修社區治療師的個案，帶領我進入奧修世界，接觸到許許多多的另類療法，引領我進入靈性成長的世界。母親在日本也做過奧修弟弟的個案，她一直是我敬愛且尊敬的人，堅強且勇敢。

母親過世之前，整個人都變了。她變得昏昏沉沉，脾氣暴躁，時時刻刻都要有人陪伴在身邊。這種180度的大轉變，令她好像成了一個我們不認識的人，常常令我覺得這個人根本不是我的母親。

母親清醒時，又會為她的言行再三向我們道歉。如果死亡使人畏懼，那是因為那段慘痛的日子真的讓我渡日如年。我和弟妹們經常為了該不該對母親說明癌末的實情，陷入激烈爭吵中。母親最後的那段日子是我生命中最黑暗的時期，不但自己體力透支、心情惡劣，兄弟姊妹也常為了小事也能吵到不可開交。我的世界一夕之間風雲變色，悲傷與絕望將我打入黑暗谷底，我彷彿任由黑暗將我吞噬。

是啊，那段時間到底發生了什麼事？現在我和弟妹們，想起當初為什麼要那樣爭吵，也覺得莫名其妙。每當我想起母親時，就會陷入巨大哀傷中，那哀傷巨大到連我自己也覺得不可思議、超出了常情。在家族裡，每當我過得比較好的時候，小妹就會出現情緒不穩的情況，憂鬱開始來報到。我們姐弟妹中，就屬我和小妹體質與情緒最敏感了，難怪我們的健康也最容易出問題。小妹常發生的問題是情緒不穩，而我則是身體屢受病痛折磨。就身體病痛史來說，我與母親的命運是類似的，而小妹在情緒的憂鬱史上，與母親有一點像。

參加完排列的人們，感受到與家族多年的情仇得到和解，互相擁抱。

這個問號在我的心裡面埋藏了很久，我一直沒有勇氣去正視，如今有機會再度體驗家族系統排列，我決定將這個問題查個水落石出。來到朋友Imogen的家裡，我們先用紙片排列，朋友同時扮演多人的角色，來體驗這些角色的情緒，真是太辛苦了。在這裡我要特別向朋友說聲：「Imogen，謝謝你，感恩啊！真是感恩！」

剛開始，角色只有我和母親，總覺得母親被一股看不見的力量牽引著，一步一步的邁向死亡，這正是我覺得奇怪之處。朋友站在母親的位置上，雙眼不由自主地望向天空。她告訴我，母親的雙眼並沒有看著我，這顯示我與母親的能量並沒有取得連結，難怪我會覺得自己與母親是分離的個體，那種不安全的感覺，更讓人想緊緊抓住不願放手。母親的雙眼望向天空，代表問

題出自於母親的祖先。

　　母親在六個小孩之中，排行倒數第二，因為從小長得白淨可愛，大大的眼睛，活潑外向的性格，很快被外婆的弟弟——舅公收養了。母親過了一小段甜蜜的童年，可惜好景不常，後來養父母離婚，母親跟著養父住。新的養母是個酒家女，只要心情不好，就拿母親當出氣筒，母親身上時常佈滿養母的傑作——大大小小的瘀青捏痕。長大後，母親為了脫離養母的控制，離家出走嫁給了父親。

　　母親曾問過外婆為何要把她送人，以致於讓她遭受後來的悲慘遭遇。外婆只淡淡地說：「那時候沒法度！小孩子那麼多，個個嗷嗷待哺，整天靠借錢渡日，日子根本過不下去，哪有辦法想到其他的事？」外婆總是無奈的說：「那也是妳的命啦！」我想母親一定很傷心，她的媽媽竟然連一句道歉的話都沒有說過。

　　朋友站在外婆的位置，去感受外婆的角色。她感到很深的恐懼與無助，甚至產生絕望想死的衝動。外婆的眼睛也沒有看著媽媽，顯示外婆與母親之間的能量也沒有連結。

　　接著，外公對外婆說：「對不起」，意思是二二八事件讓外婆操心了。外婆則對外公說：「很高興你還活著」，意思是，好運不死沒被槍決。接著朋友對我解釋說，如果是真人做排列的話，此時的兩人應該會緊緊相擁。

　　外公、外婆二人終於可以一起面對母親了。他們轉而面向母親。這時候母親對外公、外婆說：「謝謝你們生下了我。」然後母親跪下來向外公、外婆磕頭，感謝外公、外婆的生育之恩。外公、外婆此時也對母親說：「妳辛苦了。」此時的母親彷彿如釋重負一般，終於穫得了父母親的肯定，在家族之中有了容身之處，有了一個愛的位置。此時我可以感受到能量再次流動在母親與外公、外婆之間。

　　母親這時終於可以轉頭面向我了，母親對我說：「妳很堅強。」

我感受到與母親的能量再度被連結了起來，我們不再是分離的個體，這份愛的感覺重新被連結，家族間愛的能量又再度流動了起來。

在歷史的洪流中，這些殺戮的血腥能量，並沒有因為時間的流逝而消失；悲傷與恐懼的能量一直都存在著，悲劇的恐懼使能量停滯不再流動，而分離就像一把恐懼的大刀，切斷了所有愛的連結，窒息的不幸傳過了一代又一代。

在這個故事當中，外婆所體驗到的悲傷、無助與絕望，在母親的身上同樣也體驗到。而母親生病期間，這些心靈上的椎尖刺痛，我與弟妹們也同時體驗到了。自從我生病之後，女兒也同樣的體驗到這種未知的恐懼；我們不由自主的陷入某種氛圍之中，一種巨大的力量切斷了彼此之間的連繫，使我們感到與祖先是分離的個體，這種分離的感覺使我們覺得孤單而不被愛。

二二八事件已經過去了，但這份破壞性的力量並沒有隨著時間而消失，能量被轉換成另一種面目，繼續糾纏著我們；我們不自覺的傳承了祖先遺留下來的命運，身不由己地一再的體驗那份恐懼與絕望。

這次的家族排列使我瞭解到，能量以我們完全不知道的方式在運作著！心靈層面的運作是神祕的，生命總會找到一個出口，能量也會找到一個出口；而這股運作的方式是一個謎，沒有任何人能清楚明白。能量就像風一樣，你看不見它，可是它確實存在著，而且可以牽引我們內心深層的恐懼，這股強大的推力會形成一種氛圍，一但你進入了故事的角色之中，你就會身不由己地演出那樣的戲，直到你有更多的明瞭為止。

也許，在家族中看起來最負面、最無可救藥的人，讓你覺得這傢伙罪無可赦；但或許背後的事實並非如你所想像的，甚至恰好是完全相反的。這個無可救藥的人，可

能正是家族裡最敏感的人，只是他不由自主的傳承了祖先的命運，反應出來自祖先的不和諧能量。祖先的不和諧能量從他身上找到了出口，使得這份不平衡被彰顯了出來；一直等到黑暗來到了陽光之下，才有機會帶來被療癒的契機。一旦我們洞察這些過程，就好像把光帶進了黑暗之中，能量才有機會再度恢復平衡。

如果你老是被負面的想法與過往的不愉快所束縛，海寧格家族系統排列，可以給一個去探索這些事件的機會。正如海寧格大師所說的：「只有當一個家族來到和諧的序位時，個人才能夠從家族中走出來，感覺到家族在他背後的支持力量。也只有當這個家族的連結被承認、感謝，責任被清楚的劃分時，個人才會覺得沒有負擔，能夠活出自己生命的光采，不會再有過去的牽絆與阻礙。」

櫻花雨

The Dance of
Cherry Blossoms
Music Gate

家族系統排列V.S.櫻花雨

家族系統排列的重點之一是維持流動與和諧。《櫻花雨》的創作過程，就充滿了自然的流動。雨滴的飄落如旋律般的舞動，觸發了我的靈感，於是音樂中自然呈現了一種流動與洗淨的感覺，同時又注入溫暖與支持的力量，一如家族系統排列所帶來的家族的支持一般，使人再度與愛連結，不再孤立於世。

海寧格家族排列系統

指導老師：

周鼎文老師——首位系統排列華人導師、海寧格機構創辦人

執業心理師，亞洲系統排列大會主席，台灣海寧格機構創辦人，將海寧格引進華人地區，第一位海寧格認可之系統排列華人導師。譯有第一本系統排列中文書「家族星座治療」，並著有「大衝突」、「我帶著愛，讓你走」等系統排列影音著作。

周鼎文老師曾受邀單位包括：臺大醫院、榮總安寧病房、三軍總醫院、臺北市立聯合醫院松德院區、大學研究所、地方法院、企業機構等單位授課演講超過數千場；更每年受邀政府機關、社福團體、特教中心、家扶中心、兒福聯盟等單位，提供「系統排列」幫助兒童青少年、弱勢家庭、高風險家庭等面對生命的難關；並提供心理師、社工師個案研討及專業督導，學習如何運用「系統排列」來幫助個案及自我照護。周鼎文老師在國際上亦相當活躍，在中國和馬來西亞等地都有他的訓練課程，更受邀德國及美國系統排列大會發表演說。

海寧格機構創辦人周鼎文老師。

【課程內容】

1. 家族系統排列—自我成長課程：可在課程中接受排列，探索個人議題，幫助家庭與自我成長，學習助人的藝術。

2. 系統排列師專業訓練—可充實系統排列必備知識、感知與操作訓練，熟悉排列各項重要技能，增加排列的力道與深度，以提供當事人更有力的協助。

3. 組織排列—可在課程中接受排列，探索組織經營與個人工作議題，亦可赴貴單位內部進行客製的組織排列專案。

4. 受邀開課—邀請本機構講師赴貴單位授課。

5. 私人個案—進行私人個案排列（限公眾人物與緊急個案，需先預約）。

上課地點：另行通知

費用：收費標準請參考網站或來電洽詢（02）2740-3939。

報名：請上高談部落格 http://www.wretch.cc/blog/cultuspeak

台灣海寧格機構

Tel：02-2578-3442

Fax：02-2578-1255

地址：105台北市南京東路四段186號7樓之2

繁體字網址：www.hellinger.com.tw

簡體字網址：www.hellinger-cn.com

E-mail:family.system@msa.hinet.net

誰需要做「系統排列」？

1.在家庭生活、兩性關係、親子教養、身心疾病、情緒管理、人際關係、自我探索、靈性成長、生涯規劃、助人專業等有困擾者，希望可以生活得更好者，可以進行家族系統排列。

2.在企業經營、組織整合、企業診斷、人事管理、重大決策、心靈管理、個人工作發展等議題，希望有所突破者，可以進行組織排列。

第十一章
印加薩滿

南美洲太平洋沿岸向海平面升起的七千公尺高山上，座落著巍峨高聳入雲的安地斯山脈，在山上有一個原住民族群，住著一群老薩滿（巫醫）。古印加帝國流傳著一個古老的預言：1993年至2012年冬至，是地球面臨世紀大轉換的時刻，五大行星將排成一列，對地球發生重大影響。這種罕見的天體現象，每隔二萬六千年才會發生一次。

因為來自宇宙的射線越來越強，加上星球之間的引力交互作用，現代人的光體越來越淨化而透明，人類的意識也跟著慢慢覺醒，人們不再輕易地被愚弄，政治、金融、健康、制度……風暴一個接著一個不斷的產生，崩解再崩解的結果，讓人們開始理解，等待重組、重生的時刻即將來臨。人們必須知道，在人心動盪不安的這個年代，沒有什麼會一成不變，人們將開始去思考生命更深層的意義。

每個人都將面對重大的靈魂選擇，到底是要因循舊世界自私與貪婪的習性，延續物質文明所帶來苦痛，還是要掌握人性與意識提升的機會，帶著熱情與慈悲的心活下去？如果人類能夠互相扶持與照顧，與大自然維持相互輝映的合諧關係，共同建立地球的另一波新文明，那麼人類將有機會邁入一個黃金新紀元。

秘魯的薩滿們知道，在這個世界大翻轉的巨輪中，大家必須帶著勇氣與覺醒的夢想，為這個世界編織出一個與過去全然不同的願景，與大自然維持一個更和諧的未來。人類的每一個想法都會影響這個世界的樣貌，每個人都將是未來願景

解答的一部份，現在的光明意念也將創造出未來豐美的果實。

現在秘魯的年輕人，對這種古老的薩滿行業已經不再感興趣了。古老的文化漸漸凋零，正如我們傳統的民俗文化一樣，隨著我們過往的記憶而塵封。同樣的情形也發生在世界各地，安地斯山上的老薩滿們決定，為了保存傳承，他們必需把傳承的智慧教導出去，不分種族與國家，在人心動盪不安的時代裡，多一點穩定人心的力量。因為他們知道，當前人類有兩個重大事件要發生，那就是：「宇宙意識覺醒和地球的淨化與再生。」

生命是上天的恩賜，我們都必須要去品嘗生活中的各種滋味，不管是酸甜苦辣，好的滋味，壞的滋味，都必須去經歷、品嘗和感受，然後用感恩的心情侍奉地球母親，人類與大地應該建立起某種相互輝映的和諧關係。為了感謝地球母親賜與我們如此豐饒的物質生活，於是我決定以祝福包這樣美好的方式，去感謝所有的發生，讓自己成為命運的創造者，而不是追隨者；讓自己寫自己的故事，把自己的美好心意向世界開展，這正是印加薩滿的精神。

教導我們安地斯薩滿的育青老師，在上課中跟我們分享他的學習記事。他和幾位西方人去秘魯學習印加能量，有位同學問了那些薩滿長者一堆問題，並且訴說他的煩惱，薩滿長者一直無法理解，討論

安地斯山上的薩滿們知道，當前人類面對的兩個重大課題是：
· 宇宙意識覺醒
· 地球的淨化與再生。

良久，最後一位資深的長者說了一句話：「對我們來說，生命是一種恩賜，而對你們來說，生命是充滿了一堆尚待解決的問題……。」

他們無法理解，生命怎麼會有這麼多的問題？對他們來說，生命是這麼簡單的一件事，只要去品嚐生活中的滋味，不管是好的或是壞的滋味，只需經歷、品嘗和感受，人生是靈魂的歷程，生命如此簡單。

因為秘魯老薩滿們的無私傳授，傳承在育青醫師的身上，古印加帝國的智慧，在台灣終於落地生根，一種新的生活態度、新的生命哲學，引領新的思想潮流，在小部份人的心裡慢慢覺醒，印加帝國的智慧傳承，以不可思議的速度，向全世界各地漫延開來。

什麼是薩滿呢？薩滿是shaman一詞的音譯，又稱巫醫。

所謂的薩滿，其實是人與大自然之間，或是靈性與神祕層面之間的橋樑。學習成為一位薩滿，最少要能夠感知到能量，接下來才能進入學習薩滿的三個最重要的部分：
一、祭壇與療癒石（Mesa）。
二、祝福包儀式（Despacho）。
三、運用庫斯科（cusco）去推動生命能量（Pushing the Kawsay）。也就是熟悉運用「庫斯科」——能量的中心，來認識這個具有生命力的世界。

做為一個薩滿也有應盡的責任，他們必須非常單純、尊重、真誠、樂於助人。所有的療癒者都是非常單純的人，他們雖然非常的神祕，卻非常的熱誠。

祭壇與療癒石（**Mesa**）

薩滿的祭壇是由一些象徵力量及神聖性的物件所組成的儀式，這個儀式是用來喚醒個人或群體的療癒歷程。

祭壇是由地、水、火、風四大

薩滿的祭壇。

祭壇與大
地之母。

元素所組合。我們在上（北方）、下（南方）、左（東方）、右（西方）放置代表四大元素的代表物，創造一個屬於自己獨特風格的祭壇，圖中的五顆石頭是我的療癒石，中間那顆石頭叫「傳承石」，由上師直接傳承給弟子並予以點化。

下方的石頭是我的南方石，代表的獸物是「蛇」。蛇的層次代表身體和物質層面的感知；左邊的石頭是我的西方石，代表的獸物是「美洲豹」，美洲豹的層次代表心智和情緒上的感知；右邊的石頭是我的東方石，代表的獸物是「老鷹」，老鷹的層次代表靈魂感知；上方的石頭是我的北方石，代表的獸物是「蜂鳥」，蜂鳥的層次代表靈魂和神聖的感知。

療癒石（Mesa）所帶給我們的意義

療癒石幫助我們記住自己的力量。我們的大部分力量都已經被遺忘，人們不斷向外尋找，卻忘了如何往內去尋找自己的力量。療癒石代表所有聖山的神靈，祂們知道我們的心是什麼，可以幫助我們記得自己是誰。

要成為療癒石的守護者，有非常多需要學習的地方。療癒是要從內在發生，而不是外在。當我們打開療癒石的時候，所有的聖山都會呈現在我們的面前，這時要誠心邀請大地母親（Pachamama）加入所有的聖山，用音樂，歌聲，打招呼的方式邀請他們加入，記住每個聖山的名字，並感謝祂們跟我們一起工作，相信你自己一定可以辦得到，信賴自己的經驗，相信自己的獨特，不用跟別人比較，要有信心。

療癒石是最尊貴的禮物，也是力量的象徵。療癒石並不是力量本身，而是你自己力量的象徵，療癒石是你的心，代表心的火，祂會教

導你，只要傾聽那個象徵力量、信心與勇氣的教導，並在你的生命裡活出這些品質！

美麗的祝福包儀式（Despacho）

祝福包，是南美安地斯山脈供奉山、大地之母與其他自然界神靈的傳統儀式。祝福包是給大地之母的禮物，感謝大地之母滋養萬物，賜給我們豐饒，讓我們得以生存在祂的懷抱之中。祝福包結合了我們在物質世界（kaypacha）中非常重要的三個中心：

llankay：位於太陽神經叢，這裡是力量的中間，行動的源頭。

munay：愛的源頭，位於心輪。

yachay：位於第三眼的位置，代表智慧。

幾乎所有參加過這個儀式的人都會愛上這個美麗的祝福包儀式，這儀式透過自然界的物品、物件、花朵與樹葉，來建立與連結自然界的途徑。在做祝福包的過程中，心輪會無無限地向外擴張，當我們在祝福別人的時候，同時也在

開啟自己的心輪，增長慈悲心，這使得我明瞭到，人們唯有透過愛（munay），才能產生智慧，有了智慧之後，最後才能產生恰當的行動。

　　一般來說，祝福包的形式有三種：

（一）給大地之母的祝福包（Pachamama despacho）：這是對地球母親表達感謝之意的祈福包，祈願祂的祝福。

（二）給群山的祝福包（Apu despacho）：這是供奉聖山的祈福包。

（三）給星辰祝福包（Chaska despacho）：這是供奉星星與太

大地之母Pachamama。

陽的祈福包。這個儀式比較不常舉行，通常我們的焦點都是放在這物質世界上，所以做給大地母親的祈福包比較多。當發生重大事件例如：地震之類的災難時，才會準備星辰祝福包。在做星辰祝福包時，除了星星，大地之母與群山也需要貢獻他們的力量一起參與。因為，在地震或大環境改變時，我們會想要結合地球、山、與星辰的力量，將環境的所有關係回歸到和諧狀態中，恢復環境能量的平衡，協助人們走回正確的道途。

庫斯科（Kusco）
人體裡感知能量的管道

　　庫斯科（Kusco）的位置在人體中脈七輪裡臍輪的附近，每個人的庫斯科位置可能稍有不同，或偏左、或偏右。不過大部份人庫斯科的位置，都在臍輪上方與太陽神經叢之間，大約是肚臍上2～3指幅的地方。庫斯科是一根長長的、專門探測能量的管子，我們利用這條身體的能量管，去感知與品嚐這個世界的各種滋味，是我們自身與這個世界之間，能量交流的感應器。

　　庫斯科的另一個功能，是幫助我們去推動生命能量。這讓我想起德國人常常說的腹腦。腹腦是心靈與直覺能力感知的地方，這與薩滿的庫斯科不謀而合，難怪敏感的人只要感到緊張與壓力，就會出現腹瀉或腹痛的壓力相關症候群，這不是沒有原因的。

　　我個人非常喜歡這個教導。天使學會了在天上飛之後，也需要有將理想落實在地面上的能力。科技發達的今天，現代人享受科技帶來的前所未見的便利與方便，卻對森林正被快速砍伐、水域與空氣嚴重污染、全球暖化、氣候驟變、天災不斷等問題視而不見，每年都有比過去五百年的百倍甚至千倍的動植物，從地球上消失。我們失去了美麗地球的生態環境，也失去了與萬物連結的天賦能力，對於我們的失去，人們變得麻木不仁，不再感到心痛。

　　我們失去了我們的心。

　　在日常生活之中，我們總是去注意「我們想注意的事物」，有一

些事情總是被忽略；並不是事情沒發生，而是我們自動跳過不想去感覺。我們常常視而不見、聽而不聞、食之無味、連身體的敏感度都蒙了塵。從什麼時候開始，我們變得好像機器人一般，無法去品嚐生活真正的滋味？

是的，我們總是選擇看見所想看見的，聽到所想聽到的，對於那些不在我們邏輯思維之內的「發生」，我們沒有辦法，也不想去注意。雖然我們擁有的很多，可是卻沒辦法察覺所擁有的豐美。身體感官上的破洞，使我們變得麻木不仁。好比有個麵包明明十分美味，但因為我們失去了味覺，品嚐到的滋味只剩下五分。為了滿足感官，我們開始向外去尋找全世界最好吃的麵包，可是尋尋覓覓卻永遠都找不到，因為你已經失去味覺感官，你的心變得不快樂，人們的慾望變得永無止盡，失去感受的能力讓慾望永遠得不到滿足。

人們跟大自然的關係漸漸疏離，失去了對天地的敬畏之心。人類一邊享受大自然的資源，卻一邊破壞美麗的地球生態。這讓我想起老師在上課中說的，「在高山上亂丟一張衛生紙的故事」。我們都以為丟了一張衛生紙沒什麼關係吧，以為衛生紙會隨著細菌分解而腐爛；但其實在海拔數千公尺的中央山脈上，氣溫極低，就好像冰箱的冷藏室，衛生紙在那裡不會自動分解腐爛。隔了一年之後再去爬山，發現那張被亂丟的衛生紙，依然躺在那裡完好如初。

傾聽大自然的教導

我自己參加薩滿工作坊，最深刻的體驗是有個週末下午所發生的事。老師要我們拿著自己的療癒石，到外面去「煮自己」。

所謂的「煮自己」，是對著我

祝福包。

們的石頭訴說自己的生命故事。不管訴說的故事劇情有「多麼悲慘、可憐、賺人熱淚」，藉著說故事的同時，也把自己亂糟糟的心情做個總整理，聽聽石頭對我們的回應。通常這類故事都會有個完美結局，我們要把自己的療癒記錄下來，吹進療癒石裡，讓這個療癒故事成為生命的力量，改寫一個新的生命藍圖，為自己找到另外一個新的發展途徑，不要一直陷在舊的故事裡，重覆老舊的行為模式而渾然不自知。

大家都知道女生最愛哭了，一聽到要說自己悲慘的故事，眼淚早已在眼眶裡打轉了，我趕忙走出教室外，看到鄰近教室後面，有兩個杜鵑花叢。這時內心澎湃洶湧的情緒，已經忍不住就快崩潰了……。

我走近杜鵑花叢，凝視著，這兩叢杜鵑花與我的心情相當吻合。繁花開盡後落花飄零，地上散落的殘花朵朵，枝上則是垂老即將凋謝的兩、三朵花兒，掛在枝椏上隨風顫抖著。此時觸景傷情，眼看不哭上一會兒是不行的了，我就像林黛玉一樣，哭倒在杜鵑花叢裡，感嘆青春已逝、生命垂老、年華漸漸流失，而我卻只能在風中長嘆，那一段又一段無法扭轉的時光歲月。

哭過了，我開始在地上佈置起祭壇來，然後搖著沙鈴，對著石頭訴說著我的生命故事，想著自己悲悽的人生，啊！越說越哭越傷心，淚水不自覺的沾濕了臉龐。現在想想，當時哪來這麼多的淚水啊，自己都覺得誇張。清醒的時候回想這件事，覺得真是夠了，真是感情豐富到可以去演哭戲，而且還可以在心中加倍放大淒美的劇情，彷彿所有情節就在眼前搬演似的，而我正是瓊瑤筆下纖弱的女主角。

路旁走來走去的行人，對我投以同情的眼光，以為我家裡真的發生了什麼事。我雙眼含淚、哭喪著臉，沉浸在自己的悲傷之中，外來的目光完全無法打擾我。內心波濤洶湧的情緒不斷翻攪，我獨自一人悲慘地和我的不完美人生正式告別。

過了好久，我的眼淚還是止不住的滑落，自己一廂情願的沒由來

亂哭，到後來，沒有聽眾的反應，感覺似乎不夠盡興。我竟然問起路邊這兩叢杜鵑與地上蔓生的野草：

「你們聽得懂嗎？」

「你們到底聽不聽得懂？」

此時心裡竟然有些不知哪來的惱怒，明明知道杜鵑與綠草不可能回我話，但我還是任性的問：

「你們到底懂不懂我在說什麼？……我說的事情你們明白嗎？……到底有沒有聽懂？……」

瞧，我真是病入膏肓了，需要聽眾也就罷了，竟然還要聽眾具體回應。但是，植物怎麼可能聽得懂人類的話語？這不是白問了嗎？但在當下，我需要一些支持，因此每當故事說了一會兒之後，就會問那些植物與礦物：「有沒有聽懂我說的話？」其實，心裡並不真的期待有回應，問，只是一種情緒上的發洩罷了。

春天的微風徐徐拂過我的臉頰，兩叢杜鵑花的枝葉在風中輕輕地搖晃了起來，好像正在說：「是的，我懂，我懂，我能明白妳的心情。」

我一邊哭，一邊抽搐著說：「你懂什麼呀，你怎麼聽得懂人類的話？瞧瞧你自己都快謝啦！好好管好你自己吧！」

此時神奇的事情發生了，杜鵑真真實實地回答我道：「但是，我們明年還會再開花呀。」

我簡直驚呆了。杜鵑竟然對我做了回應，沒想到這兩叢杜鵑花竟然安慰了我。是呀，人生的道路上難免起起伏伏，但我們的生命力生生不息。花朵就算凋謝，明年春天還是會再度綻放，我對著杜鵑花訴說生命故事，杜鵑花叢也正在對著我，訴說它們精彩的生命故事。

我從來沒有想過植物也會說話，但此刻我真的明白了它們要傳達給我的訊息。頓時我開始反省起自己來，我的分別心、驕傲心是多麼嚴重。許久以來，我自認為人類是萬物之靈，靈性要比動物、植物高一等。分別心使我們分別一切萬物，離開神的源頭，忘記了萬物與我們一樣，都是神的生命力的顯現，都是神的創造。靈性最寶貴的資產應是「同理心」，以及與萬物

（包括人與人之間）相互輝映、彼此共存的和諧關係。

人類是破壞地球生態環境的最大罪魁禍首，只會從大自然中掠奪好處，肆無忌憚地破壞，理直氣壯的認為自己是萬物之靈，掠奪成了我們的基本權利。植物、礦物、土地、山川河流反正也不會說話，所以我們可以狠心的竊取資源。但其實，大自然對人類無條件的愛，才是我們無窮盡的寶藏，花草礦植物一直都是我們的朋友，祂們以無私的生命力來教導人類，釋出能量來幫助人類，只是我們沒有察覺而已。明白了這些道理之後，人們怎麼可能不去愛惜祂們？

在這個下午，我傾聽到來自花朵的訊息。當你越清楚這些道理，就越覺得自我渺小，有太多我們不知道的事情，等待著我們去發掘。很多時候，我們會因為恐懼而不敢跨出新的一步，以為待在舊有的模式裡面起碼較安全。舊有行為模式是熟悉的，所以我們緊緊抓住不放，這正是執著。舊有的故事如果不離開，新的可能性將不會來到我們的生命；這兩叢杜鵑花提醒了我原本已具有的生命力，生生不息的生命力。

在這個下午，我看到了自己悲慘的慣性模式，辛苦築起的夢幻城堡再一次被打碎了。我安慰自己：破壞正是重建的開始，要開始面對新的未知和挑戰，要有勇氣跨出第一步，走向一個新的未來，我真的

薩滿之道（Munay-Ki）儀式——成為你自己的藝術

薩滿之道（Munay-Ki）是來自一個基丘語的字，意思是：「我愛你（I LOVE YOU）」，或是「成為你自己的藝術（BE AS THOU ART）」。薩滿之道是一個有著九個啟動儀式的醫藥途徑。這九個儀式能療癒我們並轉化我們的能量場，進入一個新人類光體（homo Luminous）。古代的美洲預言者提到，有一批新的人類正出現在這地球上，這些人是遠離恐懼並存在於他/她的卓越自然性。而薩滿之道正是新人類的中心規則，是他們充滿活力的基本形式。

有意識地在「煮自己」。

下山之後，在回家的路上，途中經過兩排綠樹。我開始對這些樹產生了不一樣的感情，在烏黑的夜裡，這兩排綠樹像是我的護衛，守護著我，讓我在暗夜裡獨行卻不孤單，我的心裡因為祂們的存在而感到溫暖。我心中充滿了愛，感謝祂們的陪伴，也在心裡默默地向地球母親致上最高的敬意。

有關2012年的傳說

相傳，2012年太陽系將進入光子帶，地球上所有的動物（包括人類）的免疫系統將大幅降低。地球的外殼會發生更多的火山噴發，地震、土石流等現象也會變得越來越頻繁。地球磁氣圈將被減弱，來自太陽的宇宙輻射線增強，地球的重力也會發生巨大的變化。

印度合一大學的創辦人巴格梵大師（Sri Bhagavan）談到2012年的現象時，提出如下的看法：「地球是有磁場的，當充滿熔漿的地心不停循環時，這個磁場也會生生不息。而過去十多年以來，這個磁場已經急遽變弱。物理學上已經發表一個叫做『舒曼諧振』的電波共振情形。善用它，我們可以決定這個磁場的力量。原因在於，具有宇宙能量的舒曼波原本固定以7.80赫茲（頻率單位：周／秒）的頻率運作了幾世紀，但是在過去七、八年中，這個波頻提高到11赫茲，並且仍在急遽增強當中。

如果以數學公式測算，顯示，在2012年時『舒曼諧振』很可能提高到13赫茲。當這個共振到達13赫茲時，地心將停止循環而磁場也會消失，你的頭腦也會消失。而我說『你的頭腦』，指的是你們累劫累世所留下的『印記』。屆時，過去一萬一千年以來人類所累計的『印記』也將被清除。所以到了2012年，它將在數天內歸零，之後地心又會開始循環。屆時將是人類一個全新的開始，一個黃金年代的初曉，這就是2012年的重大涵義。」

秘魯巫師V.S.薩滿靈性音樂
收錄於聽見內在的聲音4CD

這張CD是我早上最喜歡放的音樂之一，音樂中，充滿了來自自然的原始力量，風鈴、鷹、古老咒語，不斷揚升的旋律，讓我不斷的靠近自然，與自然有更深刻而美妙的接觸，與自然一同和諧流動。

美麗的祝福包（Despacho）

指導老師：Leela

巨蟹座，是部落格世界中極受歡迎的人物，也是個認真生活、喜歡分享心得的人。興趣是閱讀寫作、音樂欣賞、遊山玩水、占星算命，本書作者。

【課程內容】

特色：

祝福包的製作，是南美洲安地斯山脈秘魯薩滿的祈福儀式，當地的薩滿們，有的人終其一生都在製作祝福包，來為人們祈福。祝福包也可以用來清除不正常關係的連結。

祝福包是用來供奉山、大地之母、與其他自然界神靈的一個傳統儀式，是給大地之母的禮物，感謝大地之母滋養萬物，賜給我們豐饒，讓我們得以生存在祂的懷抱之中。

當我們將祝福包燒化供奉給大地之後，大地母親會回歸給我們輕盈的能量，幫助我們心想事成，你會發現，在製作祝福包的過程中，自己的心也跟著變得很美、很美。

內容：

我們會利用一些大自然的元素：鮮花，樹葉，糖果，餅乾⋯等，DIY各種不同主題的祝福包，利用這些大自然的原素來連結到宇宙的神祕力量，幫助我們美夢成真。我們將提供二種祝福包的製作，可自行擇一製作。

（一）祝福自己的祝福包
（二）祝福祖先的祝福包

上課時間：二小時

上課地點：另行通知

費用：3000元

網路報名：高談部落格 http://www.wretch.cc/blog/cultuspeak

第十二章
巴哈花精

巴哈花精療法誕生於英國，是同類療法當中的一個系統，又稱為「巴哈花藥療法」或「巴哈花精療法」，由英國名醫巴哈醫師（Dr. Edward Bach）所發明。

巴哈醫師在1886年出生於英國伯明罕附近的莫斯里小村莊，從小立志要成為一位醫生，他夢想可以發明治療所有疾病的終極良方。1905年，巴哈醫師成為伯明罕醫科大學的學生，並在1912年取得醫師執照。

1917年，喪妻的巴哈醫師身體變得非常虛弱，因腹部大量出血而暈倒，經診斷得了淋巴癌，最多只能再活三個月。巴哈醫師想到歲月無多，雖然拖著病體，反而更加努力工作，憑藉著堅強的意志力，全心全意專注於醫學的研究，沒想到一段時間之後身體竟越來越好。由

此，他確定了一件事：身體健康與我們的心理狀態，息息相關。如果真的想要治癒身體的疾病，光治療身體是不夠的，心理狀態也必需在治療疾病的考量範圍之內。1919年初，巴哈醫師成為倫敦同類療法醫院當中的細菌與病理學家。

1922年，巴哈醫師離開了倫敦同類療法醫院，開始專注於自己的醫學研究。1928年，他造訪威爾斯，在溪邊找到了二種植物：金黃色的溝酸醬與淡紫色的鳳仙花。1930年，他確定了新的療方必須在大自然中尋找，於是，他關閉了診所，來到威爾斯鄉下。某一天早上他行經田野，發現在太陽剛露臉的清晨裡，每株植物上都有晶瑩剔透的露水，這些露珠在陽光下閃閃發亮著，巴哈醫師好奇的把露珠收集起來飲用，沒想到露珠兒竟然具有

舒緩情緒的效果。至此，花精一個接一個的被正式發現，為了易於取得這些花精能量水，巴哈醫師發明了日曬法及煮沸法來製作花精。

巴哈醫師費盡千辛萬苦、經歷疾病的煎熬，由於花精主治人的情緒，每當他要找到某種植物或花種之前，就必先經歷過那種情緒，直到找到花種為止。1930至1932年，他找到了十二種療方，1934年，巴哈醫師搬到維農山莊渡過最後的二年。1936年他終於找到了三十八種療方，完成整套的花療法之後，於當年年底的睡夢中辭世，死因是心臟衰竭。

巴哈醫師交待後人不要隨便更動這些花精製作的方法。在他過世之後，助手諾拉女士（Nora Weeks）成為巴哈醫師的接班人。一個成功的男人背後，都有偉大的女性默默地在支持著，諾拉女士正是幕後最大的功臣。諾拉女士不僅與巴哈醫師一起研究花精種類，在巴哈醫師測試植物期間，爆發身心疾病時，更在旁邊細心的照顧他。

1958年，在病人及朋友的捐助下，諾拉女士購得了維農山莊，並且登記為信託機構，目前已成為

什麼是同類療法

同類療法為1796年，一位德國醫學博士哈尼曼（Samuel Hahnemann）所發現的一種與眾不同的治療疾病的方式，稱為同類療法（Homeopath），也稱為「順勢療法」。它的字根源自於希臘字：「Homoios」，希臘的原文是：「相似的痛苦」。哈尼曼博士所採用的原理，是中醫以毒攻毒的理論，唯一不同的是，同類療法的藥物經過不斷的稀釋及振盪之後，物質層面的毒性濃度已經不存在了，而能量的形式卻被完整地保存下來。因此，服用花精之後不會有任何副作用，也不會有上癮的問題，只會在能量的層面上對人們產生影響。不過，使用同類療法藥物，仍然需要專業醫生進行診斷與評估。

巴哈國際花療中心

位於英國維農山莊的巴哈國際花療中心The Dr Edward Bach Centre,
地址在：Mount Vernon, Bakers Lane, Sotwell, Oxon, OX10 0PZ, UK
連絡電話：+44（0）1491 834678
傳真電話：:+44（0）1491 825022

巴哈國際花療中心，該
中心會定期舉辦各種研
討會與訓練課程，諾拉
女士在巴哈醫師逝世之
後，推廣巴哈花精仍然
不遺餘力，一生都奉獻
於推廣花精的工作上，
終身未婚。1978年，
諾拉女士辭世，享年
八十二歲。

巴哈花精全套木盒。

後人為了紀念巴哈醫師的偉大
貢獻，將所發現的三十八種花精以
巴哈的名字命名，這三十八種花精
通稱為「巴哈花精」，以記念巴哈
醫師的偉大。直至今日，花精在歐
美地區已經流行了好一陣子，全世
界各國的靈媒，也開始著手研發屬
於當地特有品種的花精，或用於其
他功效的各式各樣花精，因此，而
有了澳洲花精、北美花精、巴西敏
那斯花精、台灣花精……等花精種
類，當地自有品牌的花精也如雨後
春筍般出現。

三十八種巴哈花精介紹
龍芽草Agrimony

對應症狀：隱藏憂慮的丑角性格
適用對象：外表看似活潑快樂爽
朗，但總是獨自地擔憂，別人很少
能看出他們的焦慮。他們將心理折
磨、痛苦隱藏在笑臉之後，以笑容
隱藏自己真正的感覺，事實上心理
或生理隱藏許多不為人知的痛苦和
問題。適合以龍芽草紓解壓力。

白楊Apsen

對應症狀：莫名的緊張
適用對象：心理無來由的恐懼或焦
慮的人。他們無法解釋恐懼的原
因，常常莫名其妙的感到驚恐。白
楊適用於治療對未知事物的恐懼，
怕神、怕鬼、心神不寧、不祥的預

感、常莫名其妙的感到驚恐，找不出明確的理由，卻又日夜糾纏人們心靈的慌亂。

山毛櫸Beech

對應症狀：挑剔批判

適用對象：極度的完美主義者。有種人是如此地要求完美，無法忍受他人愚蠢、短視或無知的行為，個性要求完美、吹毛求疵，很難了解到他人也有屬自己的行事風格。此花精能幫助他們為別人設身處地的著想，看到人性的良善面，增加他們的慈悲與寬容心，了解每個人特殊的習性，和所有事情自有達到完美的方法。

矢車菊Centaury

對應症狀：脆弱，過於順從討好別人

適用對象：仁慈、老實、溫柔、軟弱的人，因為不喜歡讓人失望，很難拒絕別人的要求，經常答應了過多不屬於自己的工作，使自己負擔過重而筋疲力盡，是俗稱的「爛好人」。此花精能幫助這群人，堅強起來但不失溫柔，並從他人處獲得更多的尊重與感激。

水蕨Cerato

對應症狀：猶豫不決，尋求忠告

適用對象：不相信自己的判斷力，總是質疑自己做的決定是否正確，需要他人的意見以釐清自己的想法的人。雖然對自身能力充滿信心，但因懷疑自身判斷力而延誤，導致未能完成心願。他們會問遍所有的人，最後仍按照自己的方法進行。適用水蕨的人雖對自己的判斷沒有信心，但只要下定決心去執行，就會對挑戰充滿信心，並獲得成功。

櫻桃李Cherry Plum

對應症狀：恐懼失去自我控制

適用對象：此花精用於治療極度的恐懼，精神瀕臨崩潰或瘋狂的臨界點，害怕失去控制，傷害自己或他人，也適用於治療有自殺傾向的人。天生情緒敏銳或容易突然變動者，非理性的突然爆發、經常性地出現歇斯底里者，都應該使用櫻桃李來治療。

栗樹花蕾Chestnut Bud

對應症狀：重蹈覆轍

適用對象：適用於那些無法充份利用人生經驗，不會察言觀色，比一般人要花更久的時間，才能學會生命課題的人。這些人無法從過去的經驗學到教訓，即使面對相同的情形二、三次，還是會重覆同樣的錯誤，不會從過去的經驗中學習，總是活在懊悔中。

菊苣Chicoy

對應症狀：控制他人

適用對象：很有媽媽的味道，他們非常的關心別人，非常的有愛心，對自己的孩子、家人、親戚、朋友照顧的無微不至，而演變成保護過度。這種關心過於強烈，使得被關心者因過度的情感包袱所窒息。他們會企圖掌控心愛的人，變得自私且佔有慾過強，受到拒絕時內心容易受傷。對於太黏人，總是需要別人注意，或對朋友、玩具佔有慾太強的小朋友，菊苣花精也有療效。

鐵線蓮Clematis

對應症狀：愛做白日夢

適用對象：他們是富有創造力、藝術家氣質、喜歡夢想、幻想的人，他們的心中充滿對未來的夢想及希望，不切實際的陷入自己的想像世界中，容易忘記週遭發生的事。很容易分神，左耳進、右耳出，忘了自己說過什麼，也容易忘了別人說過什麼。鐵線蓮花精能夠讓他們回歸現實。

野生酸蘋果Crab Apple

對應症狀：自形慚穢

適用對象：總是嫌惡自己的外表或行為，如過胖或過瘦，他們非常講究房屋整潔，甚至對個人的衛生吹毛求疵，對疾病、不潔物或傳染物也有強烈的不潔感，但那通常都是些微不足道的小毛病，一般人覺得非常嚴重的病反而看不在眼裡。此花精有淨化的作用，幫助我們擺脫心裡或身體上厭惡不喜歡的事物。

榆樹Elm

對應症狀：責任心過重

適用對象：他們通常是有能力且職

不同的花精，對不同的情緒有療效。

位頗高的人，對家庭或工作壓力感到過於沉重，而覺得自身能力不夠且精疲力盡的人。因責任過多導致的信心危機，被責任壓的喘不過氣，覺得自己再也承受不下去了。此花精能幫助他們穩定心智、釐清思緒，讓他們更理智的去看清楚問題的本質。

球，例如：考試失利、面試失敗、失去工作、或是被人拒絕而心情沮喪，意志消沉，失去信心而不願意再嘗試。 此花精能驅散負面想法，回復正面積極樂觀的態度，避免陷於悶悶不樂的瓶頸當中，面對困難時，勇於接受挑戰，給與再試一次的勇氣。

龍膽草Gentian

對應症狀：容易失去信心

適用對象：他們很容易氣餒，只要有一點點打擊，便有如洩了氣的皮

荊豆Gorse

對應症狀：深度絕望

適用對象：如果龍膽的典型症狀，能一開始就用花精防範未然的話，

就能避免荊豆的絕望症狀。他們感受到極大的失望，認為再怎麼做都沒希望，心中存有無法解釋的灰心失敗論。生病時，他們也不期望能恢復良好的健康，單純只為了讓親友安心而接受某種治療，但他們實在太消極了，根本不相信治療會有效。此花精能幫助人們脫離絕望的陰霾，了解自己的前景仍大有可為。

石南Heather

對應症狀：過度專注自我問題，碎碎唸

適用對象：他們實在太愛說話了，喜歡碰碰你，拉著你的手臂好引起你的注意力，是對自我執著的人，不停的碎碎唸自己的事情，話題全繞著自己打轉，聽眾很少有機會能插入談話的餘地。他們不喜歡獨處，獨處會不快樂且空虛，需要聽眾，石南花精可以幫助他們擺脫自我的思緒，開始考慮身邊其他的重要人生課題。

冬青Holly

對應症狀：嫉妒、懷疑

適用對象：對他人充滿負面感覺，如：充滿嫉妒、猜忌、仇恨、報復、怨恨、懷疑與不信任等思緒苦惱的人，容易產生極大的憤怒，像顆不定時炸彈，隨時會爆發。有些人會將感覺隱藏在心中，有些人則會怒火中燒。缺乏自制力或有暴力傾向者，有這種症狀的話，除了冬青花精之外，有時還需要加上櫻桃李花精。

忍冬Honeysuckle

對應症狀：沉溺在過去

適用對象：他們總是活在過去，後悔從前犯下的錯誤或失去的機會，沉緬於過去的時光來逃避現實，對現實的需求失去興趣。此花精亦可治療喪親之痛，使人專注於目前的事務，並能客觀審視過往，緬懷過去但不忘眼前更重要的事情，採取必要步伐，向前邁進。

鵝耳櫪Hornbeam

對應症狀：缺乏投入的熱誠，星期一症候群

適用對象：對責任、工作沒有熱情的人，這些人並不是因為工作過度而筋疲力盡、無精打采，而是充滿面對挑戰時的心志消沉、因循苟且的心態與無力感，跟星期一症候群類似。使用鵝耳櫪花精，能夠提升心智，一旦工作上了軌道，有所進展時，這種感覺很快就會消失了。

鳳仙花Impatiens

對應症狀：焦燥不安

適用對象：適用鳳仙花花精的人是個急性子，最受不了慢吞吞，他們做事快且容易不耐煩，肢體語言多少會透露出一些訊息，像是坐立不安、常常看錶、以及行事匆匆忙忙。他們喜歡自己獨自工作、獨自思考，這樣他們才能以自己的速度做事，此花精可幫助他們在行動與思緒上取得平衡，不再橫衝直撞，能以較悠閒的腳步品嘗生活樂趣。

落葉松Larch

對應症狀：低落的自尊心

適用對象：雖然擁有許多能力或才能，卻不相信自己擁有這些能力，生命中許多機會就這樣流失了，即使機會來到他們面前，也認為自己做不到。這種人懷疑自身能力，害怕失敗不敢嘗試，自信心低落。此花精能增加他們的勇氣，好讓他們對生命更投入，對自己更有信心。

构酸醬Mimulus

對應症狀：恐懼已知的事物

適用對象：治療對已知事物的恐懼，例如：疾病、貧窮、獨居、遠行、死亡……等可以明確知道的害怕情緒。构酸醬花精對那些不喜歡聚會、內向、害怕人群、容易害羞、口吃、害怕上台、緊張及畏縮的人特別有效果，能幫助羞怯內向的人擁有面對恐懼的勇氣。

芥茉Mustard

對應症狀：起伏不定的無明沮喪

適用對象：無來由的抑鬱與沮喪，情緒就像天空隨時會飄來一片烏雲，遮住了陽光及生命的喜悅，心情沉到了憂鬱的悲慘谷底。這種心情會持續低落一陣子，連他們自己也不知道原因何在，即使是一切看

彩光花精，同時兼具色彩和花精的療效。

起來如此美好。此花精能幫助他們驅散遮住生命陽光的烏雲，使陽光再度出現在生命中。

橡樹Oak

對應症狀：埋頭苦幹

適用對象：這類人是生命的鬥士，從不放棄希望，亦不向逆境屈服，會堅強的全力抵抗病魔，在生命種種的困境之下，不管多堅苦也要堅持下去。強烈的責任感，讓他們即使筋疲力盡也會奮鬥到底。他們工

作過度，忽視身體因疲勞而發出的警告，如果病痛妨礙了他們助人的職志，他們就會感到不滿。此花精能幫助他們重新取回生命的力量。

橄欖Olive

對應症狀：身心俱疲，筋疲力竭

適用對象：繁忙工作或病後的身心疲勞，一旦力氣耗盡，生活將變成一場大工程，無心享受生命的美好，連開始工作的熱情都沒有了。此花精能使失去的精力再度復甦並

為身心注滿活力，亦可幫助考生及用腦過度的工作者，或病虛體弱疲倦的人提升精力。

松針Pine

對應症狀：罪惡感

適用對象：這類人充滿自責、罪惡感、遭受良心譴責的情緒，甚至他人犯錯也會反而自責。這種人總是在道歉，即使有時候根本不是他們的錯。這種罪惡感可能源自於過去，他們將這種感覺深埋心中數年，有任何事情一旦出錯，自責的傾向便如影隨形的出現。此花精能幫助他們拋開罪惡感，朝較平和的心理狀態前進。

紅西洋栗Red Chestnud

對應症狀：為他人過度操心

適用對象：這種人過度擔心所愛之人會發生意外的恐懼，超越了理性的限度，害怕災難會降臨到心愛的人身上，一定要等到心愛的人安全回家才會停止擔憂。他們不關心自己，只關心家人的健康及安全，他們的愛不像菊苣自私而佔有，卻因過度擔心而大驚小怪，失去理智及對現實的認知，使所愛之人喘不過氣來。紅西洋栗花精能讓這些緊張的情緒獲得紓解。

岩薔薇Rock Rose

對應症狀：極度恐懼，對死亡恐懼

適用對象：這是用來對治緊急情況的花精，處於此種心理狀態的人，身體會顫抖或因恐懼而冒冷汗，這種恐懼多來自於恐怖的意外事件、手術住院、對死亡的恐懼等等，亦可治療會做惡夢的成人或孩童。

巖泉水Rock Water

對應症狀：以身作則，自我要求嚴苛

適用對象：極端自制、律己甚嚴，生活過度嚴謹的人，自我設立高標準，力求完美而沒有彈性，他們會制定一套辦法或規則讓他人遵循，對自己嚴厲的生活方式引以為傲。當他們過於嚴厲失去彈性，拒絕生命中所有簡單的喜悅時，此花精能幫助他們得到放鬆與寬容。

線球草Scleranthus

對應症狀：三心二意，優柔寡斷

適用對象：猶豫不決，無法在二樣事情中做出選擇，他們不會與人討論自己的困境，獨自一人在苦惱中掙扎，心情在悲與喜、憤怒與原諒之間搖擺不定，情緒大幅波動。此花精能協調此種心情的不平衡，同時也能緩和因舟車勞頓、車輛劇烈搖晃而引發的疲憊。

聖心百合Star of Bethlehem

對應症狀：喪親之痛，創傷後遺症

適用對象：用於極大的創傷所造成的驚駭、震驚與失去親人的悲痛，例如：意外、使人不安的新聞或苦難。聖心百合花精能幫助打通淚腺，緩和心靈的悲傷。有時驚嚇不會馬上顯現出來，而是用其他方式來表現，甚至數年後才會顯現。如果驚嚇的感覺持續存在，並成為整個問題的根源時，需要使用聖心百合花精來調整。

甜西洋栗Sweet Chestnut

對應症狀：憂心狂亂

適用對象：內在完全被黑暗所籠照，生命沒有一絲希望，生活毫無樂趣可言，心靈極度痛苦，完全絕望、悲傷、鬱悶以致於健康受損，感覺孤獨心碎，可憐自身的存在，甚至認為死亡不足以釋放他們的痛苦。此花精能幫助他們重拾對生命的信心，陽光再度出現於地平線，生命出現希望，而痛苦即將結束。

馬鞭草Vervain

對應症狀：身心緊繃，過度熱衷

適用對象：擁有極強的原則與道德觀，非常積極，能同時兼任許多工作，堅持信念並廣為宣傳，關心他人的福祉與成長，對環保、政治、宗教、法案等議題比一般人更加敏感。他們會試著說服別人改變他人的想法，其關心程度強到足以形成一個團體。他們是積極且熱心的一群，對某種信念過度熱心，此花精可以幫助他們放鬆心情，給自己一個休息的機會。

葡萄樹Vine

對應症狀：掌握、操縱別人

適用對象：天生擁有強烈的性格與霸氣，多為充滿自信、支配慾強的領導人或管理者，他們非常了解自己，能明快做出決定並負起責任，行事作風強勢，獨裁且毫無商量的餘地。葡萄樹性格的兒童是頤指氣使、富侵略性、喜歡指揮人的小孩，走到極端可能成為小混混，專門欺負弱小或溫和的同學。此花精能幫助減少咄咄逼人及嚴肅的個性，使之更具同理心。

胡桃Walnut

對應症狀：變動時易受他人影響

適用對象：幫助人們適應新的環境，如：結婚、搬家、離婚、外地求學……等。調適生命中的重要改變，例如：長牙、進入青春期或更年期、分娩或生理期的心情調養。胡桃花精能幫助他們在新道路上走得更順遂，保護自己免於受到他人的影響或誘惑，避免受到外在環境的干擾，幫助克服困難，把持住人生的正道。

水菫Water violet

對應症狀：驕傲、疏離

適用對象：水菫的性格可說是非常正面的，他們喜歡生命中寧靜的事物，也因此個性傾向含蓄、寡言，他們的行動高雅、安詳而有自信，只跟一群精心挑選的朋友聚會，不喜歡參加大型社交活動。他們傾向默默承受痛苦，與人群保持一定的距離，彷彿罩著一層神秘面紗，使人覺得疏遠、無法接近。此花精能使他們友善的接納所有人，維持自尊而不高傲的氣質。

白栗花White Chestnut

對應症狀：胡思亂想

適用對象：不斷重覆出現的擔憂思緒，就像老式唱盤機一樣不停地播放，難以停止，這些持續不斷的思緒，心靈的紛擾或心中的對話在腦中不斷迴旋，使人心力交瘁，無法集中精神。白栗花花精能緩和這種情緒漩渦，重新獲得心靈的平和。

野生燕麥Wild Oat

對應症狀：找不到生命的目標

適用對象：總覺得自己站在人生的

十字路口，不知道要走向哪條路的人。他們是所謂「迷失的靈魂」，還沒找到自己生命的定位，遇到了生命中的大難題而猶豫不決。此花精能幫助他們更清楚地找到正確的方向，從事他們真正適合的行業。

野玫瑰Wild Rose

對應症狀：無動於衷、懶惰、認命而被動

適用對象：野玫瑰的典型性格是對生命沒有熱情、隨遇而安、不喜歡變動。他們冷漠，太容易向命運低頭，不在乎發生了什麼事，只想安靜地任由環境的安排，更不喜歡多做努力，不喜亦不憂，不興奮也不沮喪，缺乏生命的火花，如果生病的話就向疾病投降。此花精能幫助他們重振對生命的熱愛，帶著快樂的心情過日子，使心中充滿踏實感。

柳樹Willow

對應症狀：自怨自艾

適用對象：是用柳樹花精的人，常覺得自己受盡委屈，專注於自我的不幸情緒。他們充滿憤怒，覺得生命待他們不公，容易陷於自憐自艾、發牢騷、悔恨與怨天尤人的境地，無法原諒或遺忘過去，只能由負面的角度來思考事情。此花精可以幫助他們走出自我折磨的深谷，原諒他人的過失，放下自己的執著，了解所有事物都有光明面，採取樂觀積極的態度來面對生命。

我的巴哈花精療法

　　我曾經在一次突然性住院的經歷中，飽受心靈的驚嚇，當時從開刀房手術出來，麻醉藥逐漸退了之後，無法深層入睡，不管白天或黑夜只要睡幾個小時，就會在睡夢中突然驚醒，為此詢問護士，護士說：「這是麻藥所產生的副作用」。

　　因為睡眠一直被打斷，驚醒了好多次。剛開完刀，身子非常疲累，正是需要休息的時候，卻無法充分休息，驚恐心情不斷襲來，瞬間將自尊心打落谷底。看到身上插滿了大大小小的管子，自己都覺得人生至此生不如死，失去了活下去

的意義。

好友來醫院探望我，帶來一瓶她親手調製的巴哈花精情緒水，沒想到喝了之後，馬上產生神奇的效果。瞬間，整個頭部的緊張得到放鬆，大腦放鬆之後，人也變得很想睡覺。其實，當初朋友購買整套巴哈花精時曾雀躍地與我分享花精的好處，我試喝了幾種，但可能因為心中沒什麼煩惱，花精對我無法發揮任何功效，所以當時也沒有想進一步瞭解花精的意願。

但這一回服用了好友所帶來的巴哈花精水後，沒想到效果如此顯著，從此之後夜夢安穩。因為這次住院的經歷，我對巴哈花精感到懾服，出院後自己也研究起巴哈花精來了。進一步知道巴哈醫師為了發

急救花精The Composite Rescue Remedy

由巴哈醫師親自挑選的五種花精所調配而成的急救花精，適用於所有的緊急狀況，處理災難、緊急事件與心理衝擊……等造成的即時影響。有乳霜（外用）、花精水兩種形態。急救療方可以用來口服，若是處理螫傷、扭傷或瘀傷，也可用於外敷。動物也可受益於這種處方，因為許多動物的不適，常與受到驚嚇或恐懼有關。植物對這個療方的反應也很好，許多植物滴過幾滴後就會回復生命力。

急救療方可以應付所有緊急狀況，像驚嚇、震驚或呆滯等就可以使用這個療方。急救療方對於像飛行、看牙醫、考試或重要面試前的緊張情緒也有鎮靜效果。在歐美先進國家使用已達七十年，是一種安全、有效的自然療法。急救花精的五種成份分別為：

1. 聖心百合（Srat of Bethlehem）：緩和震驚傷痛
2. 岩薔薇（Rock Rose）：治療驚駭與恐慌
3. 鐵線蓮（Clematis）：昏厥
4. 鳳仙花（Impatiens）：過度不安
5. 櫻桃李（Cherry Plum）：害怕失去自制能力與歇斯底里

急救花精除了液狀、乳霜，還做成錠狀，像糖果一樣。

明花精所承受的苦難之後，我也開始對巴哈醫師留給後人無限的偉大資產，心存感恩。

花精的功效在於心靈最脆弱的時候，適時提供援助，舒緩心靈上的慌亂不安。只要少少的幾百元，就可以達到這種效果，及時幫上忙，使我們再度獲得安全感，回到人生正常的軌道上，不會脫序地演出不該上演的戲碼。

此外，花精更可以幫助我們成為自己所想要成為的樣子。大部份的時候，別人的優缺點我們總是瞭若指掌，可是當主角換成自己的時候，卻看不清楚自己的優缺點，甚至連自己也不瞭解自己需要什麼。籍由這些心靈良方，我們不但可以穩定情緒、認清恐懼，還能面對人生的種種困境重新再出發，這真是很美的一件事，也是我如此熱愛花精的原因。

花朵擁有大自然的語言，每一種花都有其特殊的振動頻率。花精並不是藥品，而是花的能量水；也因為花精不是藥品而是一般的食品，所以食用起來非常安全。

如果對自己的內心覺察夠深，就會發現，人們在罹患重大疾病之前，往往在心靈上早已經出現壓力與燥動不安。花精的功效正是作用在心靈層面上。籍由心靈層面的壓力釋放，使我們的身體感到快樂、輕鬆；心靈層面上的不快樂原因解除了，便能加速身體疾病的療癒，花精正可以提供我們這樣幫助。

或許疾病是一個提醒，提醒我們去正視某些問題，例如原本視而不見的壓力。我們的身體和情緒都需要放鬆與休息。花精能幫助我們勇敢面對恐懼、不再逃避，面對內在真實的自己，直到我們認清恐懼原來只是虛有其表的怪獸。我們不但可以選擇不滋養壯大恐懼，更可以選擇不浪費精力來抗拒它。只要正視這些生命中的困難與挑戰，走過生命中的幽谷，瞭解烏雲總有散去的一天，陽光自然會再度回到地平面。

巴哈醫師曾在他的書裡面提到：「生命不要求我們無止盡的

犧牲，只要我們快樂的渡過人生的旅程，並為旁人造福。如果我們的到訪地球，能讓這個世界變得好一點，那麼我們已完成了人生的任務。」

謹以此言，獻給追尋靈性成長的朋友們。

急救花精做成的外用乳霜。

巴哈花精趣味工作坊——

吃花精玩花精,就是要你快樂!

指導老師:Leela

巨蟹座,是部落格世界中極受歡迎的人物,也是個認真生活、喜歡分享心得的人。興趣是閱讀寫作、音樂欣賞、遊山玩水、占星算命,本書作者。

【課程內容】

特色:

巴哈花精療法誕生於英國,是同類療法當中的一個系統,又稱為「巴哈花藥療法」或「巴哈花精療法」,由英國名醫巴哈醫師(Dr. Edward Bach)所發明。花朵擁有大自然的語言,每一種花都有其特殊的振動頻率,花精是一種花的能量水,它所獨具的療癒能力,可以用來舒緩我們心靈上及情緒上的不適,讓我們走上健康的身心靈寧靜之路。

內容:

第一堂課:

(1)體驗來自大自然的神奇療癒力量。

(2)導讀三十八種巴哈花精及正向語句。

(3)如何挑出最正確的花精?

(4)花精試喝活動。

（5）花精如何與療癒產生關係。

（6）成為療癒自己的花精魔法師，親手調出一瓶屬於自己的複方處方花精帶回家。

第二堂課的上課內容：

（1）如何口頭諮商，挑出正確的花精。

（2）瞭解自己的小遊戲，看看自己挑的花精對不對？

（3）如何使用靈擺，遠距離幫別人挑出正確的花精處方。

（4）如何使用肌力測試，挑出正確的花精。

（5）趣味小遊戲，直接抽花精占卜也很準。

第三堂課的上課內容：

DIY頂級橄欖油花精護唇膏，教大家怎麼設計護唇膏配方，可帶回十二支專屬您獨一無二的護唇膏作品，與親朋好友分享您的愛與光喔！

第四堂課的上課內容：

（1）如何擬定一個主題，設計花精處方。如：豐盛處方。

（2）擬定一個主題，DIY專屬於自己的淨化氣場噴霧液。

上課時間：每周一次，每次上課三個小時，共四堂課。

上課地點：另行通知

費用：4000元

網路報名：高談部落格 http://www.wretch.cc/blog/cultuspeak

以頂級橄欖油與花精自製而成的護唇膏。

其他篇之一
觀音擴大療癒法

東方人最愛的觀世音菩薩在西方大變身了。

觀音上師將「擴大療癒法」，傳遞給位於美國的兩位深具實力的治療師與老師——吉賽兒‧金（Gisele King）以及凱薩琳‧安德森（Kathryn Anderson）。她們接受觀音上師的傳承，開始在地球上傳播「擴大療癒法」。這兩位都是靈氣導師（REIKI Masters），目前住在美國的佛羅里達州。她們將生命投注在療癒藝術上，廣泛地精研各種療癒方法，從薩滿巫術（shamanism）到整合覺知（Integrated Awareness）等，目前，她們專注於「擴大療癒法」的傳承教學，將數十年的療癒精髓分享給我們。

這種療癒方法最初傳遞至地球的時間，是在1983年。在這之前，「擴大療癒法」僅在更高的次元間流傳，例如：開悟上師們用來協助自己，或在地球上的上師們、以及受到特殊神聖賜予的特定的人，用來幫助自己的一種療癒方法。直到1992年，為了協助人類與地球靈性的提升，在觀音上師（Lady Master Kwan Yin）的直接參與和感應之下，「擴大療癒法」才得以此擴展的形式，傳遞到人間。

觀音上師將此法命名為「宇宙中最高的神所創造的擴大療癒法」（Magnified Healing® of the GOD MOST HIGH OF THE UNIVERSE），簡稱為「擴大療癒法」（Magnified Healing®）。因為此療癒能量是經由你與神（或稱源頭、全在、宇宙心識）共同創造與擴大而產生的。觀音上師特別強調，她並非這種療癒法的創始者，擴大療癒法是來自神的禮物。

「擴大療癒法」的運作，是從

你的心輪開始，經由你體內所有的靈性中心點，上到本源──宇宙中最高的神處；下到地球中心的鑽石，建立一條經常性的能量流管道。這個連結螺旋盤升，自本源處帶來脈衝出的深層恩典，為人類提昇（Ascension）的過程奠下完好的基礎。

「擴大療癒法」的獨特之處，是經由準備、與本源連結、療癒自己與他人、療癒因果業力、與地球的共同運作等動作，形成神聖幾何的動能，創造出一個封閉的光場。這個光場是封閉的，能量在其中先被接收，然後回歸本源，沒有再被平衡的需要。所以它綜合了療癒的所有層面，而且它允許學員的參與，之後不需要冗長的實習過程，就可以教導他人。

雖然在課程與練習手冊中，我們談到宇宙中最高的神、基督能量或基督意識等字眼，但在此，我們需要在宗教與靈性之間做個區別。「擴大療癒法」不屬於宗教。我們提到的基督能量，是指神性的能量，祂顯化在所有偉大的上師

身上，也存在於我們每個人之中。基督是一個職稱、一個頭銜。佛陀曾是基督；耶穌曾是基督。基督也是較高的心智體（Higher Mental Body），及靈魂的意識。金色基督能量（Golden Christ Energy）是連接到本源的光流。基督能量也是無條件的愛。耶穌，是一個人在地球上成為基督的偉大典範。觀音上師，在她的時代也達到基督的完美與提昇。

擴大療癒能量是你和最高的神所共同創造的能量，你即是擴大療癒能量，你是此能量的共同創造者。擴大療癒能量能迅速清理並釋放所有被誤用與失衡的能量，達到療癒的效果。

擴大療癒法，還可以做器官或部位移植、療癒業力、建立光體、啟動所有的DNA、並活化五個較高的體（the Five Higher Bodies）。「擴大療癒法」實際上是一個提昇的入門法。它同時也療癒所有的層面：身體、情緒體、心智體、乙太體、及靈性體等。另外，擴大療癒法也將靈性聖團（如舍姬娜

Shekinah、默基瑟德Melchizedek、觀音、聖哲曼Saint Germain等上師)介紹給大家。

「擴大療癒法」的課程內容

近年來由於宇宙時空能量的轉變，更多的資訊陸續傳遞下來，教材內容也不斷增加，為使習修者能充分理解與練習，「擴大療癒法」將擴展其內容，包括：

◎神聖授權冥想
◎準備
◎療癒自己與他人
◎遠距療癒
◎療癒地球
◎療癒因果業力
◎為提昇做準備
◎點化
◎授證

參與過擴大療癒法工作坊的學員，可以參加第二階段的慶典工作坊。慶典工作坊分為二個部份，一個部份是教學；另一部分是慶典儀式。其中除複習擴大療癒法所有的指導與練習外，更融合了呼吸、聲音、色彩、與動作，讓大家共同創造出一個歡樂慶典的神聖空間，在其中體驗光、愛、療癒的能量及從未有過的合一經驗，而每一個人都是共同創造過程中不可或缺的一部份。

觀音上師將這神聖的慶典儀式帶到地球，是為了要加速人類和地球的療癒速度。工作坊的畢業生，可以帶領、教導慶典儀式，還可以將所有的步驟融入到他的個案療癒中。

第三階段的「光能」療癒工作坊則是默基瑟德上主，經由觀音上師傳遞給我們的進階課程。在這個工作坊中，擴大療癒能量被提升並集中成為高密度的光，一個三色的雷射光，用以清理，轉化與提升。這光的療癒工具可以用在身體的特定部位、身體的所有系統、以及外在體，它帶給每一個層面最高可能的完美。這是給擴大療癒法從業者（practitioner）的工具，它只授予給那些能夠以正直、誠信與堅持來教導並運作擴大療癒法的人。當你上完第三階段的工作坊，你即被認證成為一個合格的擴大療癒法從業

者。

「擴大療癒法」已傳播到全世界八十多個國家，其中包括：伊朗、阿拉伯、黎巴嫩、埃及、以色列、土耳其、印度、馬來西亞……等。這些國家對神都有不同的稱呼，那是因為學員來自許多不同的宗教背景，有天主教、新教、路德教、伊斯蘭教、猶太教、佛教、印度教、東正教、新異教（Wicca）和其他宗教等，但是所有的宗教都有一個共同的目標，那就是提昇（Ascension）。我們必須了解，最高的神在每個時代，以人類最能接受的方式顯現祂自己。上師、天神化身、聖者等的組合是沒有限制的，因為他們是一個整體，就像我們一樣。

現在已有超過58,000位學員接受過「擴大療癒法」，工作坊的手冊也已經被翻譯成西班牙文、葡萄牙文、德文、法文、荷蘭文、北印度文、義大利文、丹麥文、芬蘭文、土耳其文以及華文。我們感謝觀音上師將此療癒法傳遞給地球，並無時不斷地以她的愛，支持著我們每一個人。

（以上內容，節錄自美國擴大療癒法公司（MAGNIFIED HEALING ®, INC.）所授權之華文版教材。為尊重智慧財產權與國際版權法，所有引用必須註明資料的原始出處。）

能量擴大療癒法
指導老師：Sally老師

【課程內容】

特色：

由宇宙最高的神所創造的療癒能量，是觀音、耶穌基督等〔開悟上師〕們用來做自我療癒的方法。1992年時，觀音上師代表開悟上師們將〔擴大療癒法〕傳遞給人類與地球，目的是幫助人類療癒靈魂本質及地球能量的提昇。

上課時間：不定期開課

上課地點：文大推廣部身心靈中心

費用：7,000元

報名：文大推廣部身心靈中心

網址：http://www.sce.pccu.edu.tw/ 活力養身館

地點：台北市大安區建國南路二段231號

諮詢專線：02-27005858分機1

中國文化大學推廣教育部
SCHOOL OF CONTINUING EDUCATION
CHINESE CULTURE UNIVERSITY

身心靈中心
Center of Integrated Life

其他篇之二

愛希絲神殿花園
——新月及滿月冥想

　　座落在捷運板南線國父紀念館站2號出口不遠處，有一處心靈休憩的小站，名叫愛希絲神殿花園，這裡並不是餐廳，而是一個心靈成長的教室。神殿女祭司Isis人如其名，是位美麗的美人胚子，每個月所帶領的新月及滿月冥想，總是吸引了眾多人群聚集，在新時代的圈子裡，這裡以新月及滿月冥想聞名。

　　古時候，每逢新月或滿月，地球與月球之間的星際吸引力，到達最強的時候，女巫或祭司們總會在這一天施展魔法，吸取宇宙能量以達到心想事成的效果，這習慣從古老的西方被祕密延續了下來，變成了一種儀式。到了二十一世紀的今天，科學已經替代了魔法，人們不必騎著掃把在天空中飛來飛去，人們坐著飛機跑來跑去，想去那，就去那，只要有錢、有閒什麼地方都能去，這正是現代科學的魔法。

　　而冥想正是新時代所有課程中，最具有力量的元素之一，透過冥想，人們得以與潛意識的自我溝通，瞭解內在最脆弱的一面，這些西洋傳說中的祕密儀式到了今天，已經演變成促進心靈成長的工具了。

　　愛希絲神殿花園在每個月能量最強的新月及滿月，固定的舉辦冥想，利用新月及滿月的能量，及集體共修的力量，轉化成內在自我成長的動力。另外，最貼心的是，只要您報名參加新月或滿月冥想儀式，神殿女祭司Isis總是會贈送一顆供養過女神的魔法蠟燭，祝福大家夢想成真，為這種神祕的儀式，添

增無限的魅力。

月亮慶典的意義

為什麼要舉辦月亮慶典儀式？月亮本身並不會發光，祂的光芒來自太陽的反射，就算夜晚沒有陽光的照射，那溫和的月光依舊滋養並豐富地球上的所有生命。

月亮在星象學上象徵人類的「靈魂體」——隱藏人類永恆的記憶——因此，月亮也蘊藏了人類的潛意識以及集體潛意識。從古至今，有許多的神話藉由月光滲透到我們的夢境中，啟動潛意識的密碼，告訴我們關於生命的故事，協助我們重新憶起自己真實的身分，有些星象學家甚至主張月亮的位置才是我們內在「真實的我」。

月亮的盈缺會啟動人類纖細的情感、情緒、情境，讓我們更了解自己「本能的需求與反應」，倘若我們懂得運用月亮的能量去洗滌心靈、轉換心情，並深入潛意識去滋養情感面的滿足，那我們就會創造出一種被接納、有歸屬的安全感。同時月亮也能投射出內在的母性特質，讓我們有足夠的能力，可以給予別人適當的關懷和包容。

更重要的是，月亮與地球的潮汐有關，所以月亮能影響體液，包括女性的經期，每28天一個循環。月亮代表母性、繁殖和養育的象徵。在心靈層面上，由於月亮有吸收和反射的本能，讓我們對他人的情緒非常敏感也容易受到影響，因此，如何保持內心的平靜、不受干擾，是非常重要的覺醒課題之一。

月亮對我們最重要的影響，就是隨著月貌的變化（新月、上/下弦月、滿月等）可以讓我們在起心動念之間，有意識地導引出無意識的自我和直覺（psychic）的能力，提高我們對周圍事物的感知力。

因此，愛希絲神殿花園每個月舉辦新月冥想以及滿月冥想的目的，就是為了協助大家一同提升意識、療癒過往的傷痛，以及釋放舊有的業力模式。慈悲的女神或是天使、開悟上師們，也會在新月以及滿月的時刻，將愛、真、善、美、光、豐沛的能量，帶給下定決心要轉化自己的人們，並開發我們的松

果體，提升智慧，調整個人的靈性藍圖。

滿月的力量

滿月的時候，天界與人間的通道被打開，運用滿月的力量進行與神（自己內在的神性）的連結，為地球祈求和平，為自己祈禱、祈願，都有不可思議的加持力量。

滿月具有強大的療癒能量，可以協助我們釋放掉潛意識或是無意識的傷痛與負面情緒、以及舊有的行為模式。在古老的傳說中曾經提及，經過連續13個滿月的冥想儀式的洗禮，會協助我們加速提升個人的意識，整個命運也都會提升並且轉化成更豐盛、更喜悅的生命狀態。

此外，在神祕學上還有一種說法是，當人們受到驚嚇的時候，破碎的靈魂會被月亮的溫暖能量所吸引，躲到月亮的周圍，我們可以藉由滿月慶典的時候，喚回受到驚嚇的靈魂碎片，讓自己更加的完整。

新月的力量

新月對於物質界的美善願望的實現，有很大的協助，也就是說新月的力量會協助人類提升物質界的豐盛。

在新月這三天中，進行禱告、儀式、冥想、許願、祈福、施行魔法，會協助我們提升自身的頻率，完成能量的進化及淨化，能以最快的顯化速度完成人類心中的至善願望。

因此，想要釋放對金錢具有的匱乏意識，或是提升物質豐盛意識的朋友們，也千萬不要錯過新月的冥想力量，這能讓你獲得賺錢的能量，讓你的生活富足、無虞匱乏。

魔法蠟燭

無論新月冥想或是滿月冥想儀式，愛希絲神殿花園都會用心準備「魔法蠟燭」，讓學員們帶回去做許願儀式。

魔法蠟燭是經過古法秘方製造的，塗上特製的魔法油後，畫上擁有強大力量的五芒星，招喚天使加持，然後擺上祭壇祈福，最後與所

有來神殿共修的朋友們一起共享。

魔法蠟燭跟水晶一樣，都有將所有的信念放大數倍的特性。魔法蠟燭的功效不可思議，因為祂會放大你的心念，如果你相信自己，那麼願望就會有如神助般的實現，但是如果你對自己有所懷疑、甚至不信任，那麼魔法蠟燭同樣地也會協助你讓你的願望無法實現。有時，魔法蠟燭也會協助我們，去看見那些障礙我們實現願望的阻礙是什麼，所以當有些事情的發生與我們期待中的願望有所不同時，不要氣餒，要如實地去面對！

魔法許願蠟燭只是增強能量的一種方式，賜予你勇氣以及恩典，去面對生命中無法突破的滯留困境。魔法蠟燭是用來實現「高層次自我」的「美善」願望，以及協助你看到你負面的人生模式，進而去修正自己的負面信念。這就是為什麼Isis選擇在大家做完冥想之後，再送出魔法蠟燭的祝福。因為高次元的能量，可以協助人類意識的提升與覺醒，在這樣的清明狀態下，會更加清楚自己的「心」真正的渴望是什麼。

女神及天使所帶領的冥想，是希望大家能藉由光的能量獲得意識的提升，不再讓自己陷入痛苦與自我（ego）的認同之中，轉化自己的心念與行為，直到真正轉化對「自我」的執著，有了同理心，如此真正的慈悲心才會如實發展。

釋放親密關係障礙——發現自己的真愛密碼

指導老師：愛希絲 Isis Wu

是一個非常有勇氣面對自己生命及內在的身心靈成長講師、靈療師。

心中住著一個古老的靈魂，這一生選擇在感情路上的跌跌撞撞以及心酸血淚，

讓自己在覺醒之後對愛跟情感更有獨特的見解跟洞見！

長期致力鑽研水晶能量的關連與靈魂治療。擁有催眠、家族系統排列、光療、能量閱讀、水晶治療、能量風水的豐富臨床個案經驗，擅長經由水晶的磁場與女神的神聖力量，致力協助人們開發潛能、心想事成和身心靈整合以及讓你憶起你是誰。

【課程內容】

特色：

每個人都是從父母親那裡承接了生命，並且我們也是從家庭的互動中，去模擬學習如何與別人相處；父母親相處的模式，這其中的家庭能量動力，深深的影響著家庭中的每一個成員。

不論你在親密關係中發生了什麼事，不論你是單身、已婚，也不管你是同性戀還是異性戀者；生命不到最後一刻，是沒有定論的。只要還有一口氣在，就有追求幸福的資格。該如何準備好自己，讓自己與對方一起走向真愛，是需要你的願意及全然。如果你想要圓滿幸福的人生，那麼就要下定決心去改變自己的未來。

內容：

「發現自己的真愛密碼」六堂課將帶領你——

（一）覺察到原生家庭的互動模式是如何影響你的親密關係

（二）釋放原生家庭的痛跟傷害

（三）學習如何放下自我批判

（四）療癒往日情傷 學會真正的愛自己

（五）真愛女神的粉紅色火焰

（六）打破心中被制約的男性與女性原形

上課地點：

費用：12,800元

報名方式：

1.部落格留言，請留下中文姓名與聯絡電話即可

2.簡訊留言 0986-066099

3.email到isis-temple@hotmail.com

其他篇之三
瑜珈樂舞
Dolma Yoga Dancing

Dolma Yoga Dancing 起源於尼泊爾的波卡拉湖畔，當一群婦女與兒童在自然的環境中藉由擊鼓的方式載歌載舞，在這一片歡樂中我的內在深受感動，從心深處有樂音響起一個聲音說：為什麼不將所學用這樣輕鬆快樂的模式展現呢？

遠古時代唱誦與舞蹈，是一種人與宇宙萬物之間的溝通方式，展現於各種儀式當中，例如：各類祭典，婚喪喜慶……等活動，後來演變為一種表演藝術。瑜珈樂舞，它結合了自然界的各種元素及人類累積的智慧經驗與醫學，經由肢體語言所展現的不僅只是一種藝術而已；藉著了解生理結構與心理層次，可以給予身體與心理妥善的照顧。同時在鍛鍊的過程裡，能釋放身體所累積壓抑的種種情緒，幫助超越身體與心理帶來的各類束縛與牽絆；跳脫舊有的思維模式。並且透過不同階段的練習，會使得身體與心理變得柔軟，而敞開心胸接納宇宙間所有的一切，認清楚內在光明喜悅的本質，除了舞出生命的律動之外，還可啟動自我療癒的能量，這是瑜珈樂舞與一般舞蹈最大不同之處。

來自神秘古老的健身養生法

瑜珈樂舞是一種自然養生功法，亦即阿賴耶識養生術，是一種充滿智慧與自然靈氣的養生功法，有如氣功一般，透過天然純淨的自我修煉及自我治療，作用於修煉者的意識最深之處，全面改善修煉者的身體，心理情緒和意志，使修煉者從精神到肉體由內到外皆獲得改變，進而提升修煉者的靈性。

瑜珈樂舞的由來

這個修煉的方法，源自於各個古老的文化，在中國、埃及、希臘、羅馬、印度、印加、瑪雅、印地安……及各個少數民族都有修煉之法。除了外在肢體的練習以外，尤其重視內在靈性的修持，各種不同肢體動作的整合，包含了肢體練習、呼吸技巧，與善念的傳播。

「瑜珈樂舞」是經由遠古時期，人類的動而延襲下來。人類的「動」，影響了人類的演進，並啟發創造了人類的歷史，動是生命的本能，也是「舞蹈」的本體，所有的生命為了生存及適應環境，在動中展現出活力，保持不斷地延展與進化。人體的動透過各種形態，含有意志力的表現，感情的流露，以及對在不同的自然環境、氣候、地理……之中的生存奮鬥。

生命延續存在著感情因素，感情也是動，是舞蹈的基本要素之一，藉由動作表現出快樂、憤怒、哀痛……等等的情緒。人類的身體與精神在動中求得生存與適應，在動中超越自我極限，超越自然，是人類社會最早形成的人體文化，經過了不斷的演化孕育出語言、文字……創造了人類的歷史。人類的生活過程，包括了有文字及無文字記載的歷史，在沒有文字記載的時代，人類的演化，經由舞蹈唱頌流傳下來，反映在舞蹈史中，創造了各個不同文化背景的舞蹈及修煉法門，瑜珈樂舞即為其中之一。

瑜珈樂舞的特色

它的特色是有趣又非常簡單易學，即使身體虛弱意志力不強的人，也能輕鬆地堅持下去！這是一種讓我們更快樂、健康、年輕有活力的健身養生功法。一般的舞蹈運動著重於舞蹈運動技巧的練習，瑜珈樂舞不只是一個舞蹈運動的鍛鍊，而是「整體」的概念，包含了整個的生活、思想、行為。藉由冥想：在心中充滿了善念，對於未來種下無限美好的種子，使自己成為自己真正想要的樣子；用慈愛的雙眼來看世界，使生命中的經驗變得正向，生活裡充滿了喜悅。

在我們的心靈裡，有一個導航

的系統，由內在心中的善念啟動，發覺自己的本性，瞭解自己內在的本質，從而清楚明白生命本來的目標，再重新定位，不再迷失。「瑜珈樂舞」的修煉可以帶給我們健康美麗的身體，喜悅的心靈。

瑜珈樂舞的功能

一、調整身體各大系統，調節免疫力。

二、使呼吸沉靜飽滿，改善睡眠品質。

三、調適身心焦慮、憂鬱、不安的情緒。

四、舒展放鬆，解除身心壓力及倦怠，身體痠痛及不適。

五、頭腦清晰，進入心靈的寧靜，使身心合一。

六、心中充滿善的念頭，種下美好未來的種子。

七、以慈愛之眼來看世界，使生命中的經驗變得正向，生活充滿喜悅。

八、容易適當的表達自己，成為自己真正想要的樣子。

為何需要瑜珈樂舞

由於瑜珈樂舞的練習動作，身心得到舒展放鬆，解除釋放了壓力及倦怠，可以排除身體的痠痛、改善睡眠的品質、調整消化系統、增強免疫力，還可以調適焦慮、憂鬱、起落不穩定的情緒。同時，因為呼吸的沉靜飽滿，使得內在氣息平靜順暢，頭腦清晰，進入心靈的寧靜，就更容易適當的表達自己。

在修煉的過程中將會學習體會到：

1. 什麼是生命體流？

2. 什麼是內在生命的微笑？

3. 怎麼樣可以好好的呼吸？

4. 身體各個部位的呼吸是如何做到的？

5. 如何進入內在的寧靜？

6. 如何輕鬆的學習？

7. 壓力是如何被釋放的？

8. 修煉是什麼？

生命沒有例外的，這一生走過就是走過了，沒辦法回頭！如何走過留下痕跡，沒有遺憾！讓我們一起來探討！

適合忙碌的現代人

男女老幼皆適合，包括身體衰弱的人！每天只需花三十分鐘來修煉，甚至連走路時都可以練習呢！它會讓你有不同凡響之感。和其它的舞蹈相比較，最大的差異在於「心」是瑜珈樂舞的根本。它讓修煉者的心臟與身體健康強壯；能夠敞開心胸去愛他人。配合了各種不同的呼吸方式，及舞蹈時不同情境的思惟冥想，可讓我們體會到無法言諭的幸福滿足，輕鬆與快樂。

「瑜珈樂舞」的重要影響：身心靈的提昇

它不只是舞蹈運動所展現的一種藝術而已，當舞動時能同時間針對身體及心理五個層次作用，所發揮的力量不可思議。除了給予您健康美麗的身體，喜悅的心靈之外，並且可以享有優質的生活。

坊間各家各派對於身心靈層次的提昇，有許多的闡述，且將其歸納為三個部分：身體的健康，心理的平衡，靈性的成熟。分別是肉身體、情緒體、理性體、心智體、靈性體、宇宙體、涅盤體，這七個體對應印度古老教派所言的七個脈輪，在瑜珈樂舞裡我們則針對五個層次，使身、息、氣、意、識能一氣喝成。

這套課程，是為了有志於以自身內在心靈的完善與和平，完成修身養性的人們而設，如能在階段課程中透徹了解並實踐，將可以達到自身生命的完整與和諧。我們相信每一個人來到世間都有個要完成的目標，今生所做的每一件事，都應該幫助我們達成這個真正的目的。瑜珈樂舞不只是被設計來讓我們保住青春、健康強壯、苗條美麗……而是被設計來改變生活裡每一件事物，完成生命中真正的使命！（文/Dolma Tsomo 卓瑪・措莫）

瑜珈樂舞

指導老師：Dolma Tsomo 卓瑪・措莫

夏威夷國家大學高階舞蹈教練。Dolma Tsomo卓瑪・措莫來自喜馬拉雅山麓的尼泊爾，自幼研習中國經典。學習佛法數十年，深入藏密之教法，獲四傳承之完整灌頂及傳囑心法，隨侍活佛上師廿餘年，完成四加行，得大圓滿心法真傳，為一實證之瑜珈行者。為Dolma Pureland 多瑪華園創始暨召集人、中國文化大學、中國青年救國團以及多家企業法人等機構擔任講師與顧問。目前致力於心瑜珈、心瑜珈樂舞、光能轉化、彩光針灸、芳香保健、音樂導引、自然飲食處方、推廣癌症預防及康復教育、培訓整體療法瑜珈師及健康管理師。

【課程內容】

特色：

一、調整身體各大系統，調節免疫力。

二、使呼吸沉靜飽滿，改善睡眠品質。

三、調適身心焦慮、憂鬱、不安的情緒。

四、舒展放鬆，解除身心壓力及倦怠，身體痠痛及不適。

五、頭腦清晰，進入心靈的寧靜，使身心合一。

六、心中充滿善的念頭，種下美好未來的種子。

七、以慈愛之眼來看世界，使生命中的經驗變得正向，生活充滿喜悅。

八、容易適當的表達自己，成為自己真正想要的樣子。

上課時間：不定期開課

上課地點：另行通知

費用：另行通知

網路報名：高談部落格 http://www.wretch.cc/blog/cultuspeak

Dolma Tsomo 卓瑪・措莫老師，為 Dolma Pureland 多瑪華園創始暨召集人、中國文化大學、中國青年救國團以及多家企業法人等機構擔任講師與顧問。

其他篇之四
音樂能量

2003年4月，SARS疫情蔓延，台北市和平醫院無預警的被封鎖隔離，醫院內一團混亂，在電視上我們看到一群護理人員情緒失控的想衝出封鎖線向媒體陳情，封鎖線外的家屬也焦慮恐慌得不知所措。

就在這個人心惶惶的時刻，慈濟功德會準備了上千台隨身聽，並募集了風潮唱片公司的心靈音樂，在第二天一早把安撫人心的音樂，送進被隔離的醫護人員及病患手上。

音樂，在當時發揮了撫慰人心的強大力量。

近年來音樂治療受到重視並開始進行相關的學術研究，緣於二次世界大戰，野戰醫院全是傷兵，那兒的醫療條件十分惡劣，醫生藉助音樂來穩定傷兵的情緒，也意外注意到對生理健復也有助益。大量傷兵歸鄉後出現許多的腦部創傷和創傷後壓力症侯群，這時也發現音樂同樣的舒緩了他們的深沉的傷痛，也對呼吸、心跳、脈博和血壓等等生理現象起作用。這一發現引起美國國防部的重視，音樂家開始受邀為病患演奏，音樂治療的研究便在西方國家推展開來。

近五十年來一篇篇研究報告和臨床應用，讓我們知道音樂可以幫助精神疾病、帕金森氏症的老人家、幫助學習障礙的兒童；音樂也可以減輕產婦分娩時的疼痛和外科手術的減痛，甚至用於幫助戒毒。現在「音樂治療」（music therapy）成為嚴謹專有名詞，專指由取得證照的音樂治療師進行的輔療行為。

許多人誤以為「音樂治療」就只是聆聽有特殊療效的CD；也就是把聽CD當成像藥品一像服用。「聽音樂」確實也是方法之一，但在歐

洲和澳洲，更多是採取「即興演奏法」，音樂治療師和病患，透過單方或互相的即興演奏建立聯繫。目前世界上有兩百多個國家成立了音樂治療協會，並每兩年召開一次世界音樂治療大會，交流更多音樂能運用的方法和實證。

音樂的能量花園

音樂，可以用來治療！這真是一件令人開心的事情。但別忘了音樂不止對病患有用處，對於你我正常人的心理治療，慢性疼痛、頭痛和紓解壓力，一樣有效果。

這裡要分享的是，就是針對一般人運用家裡的CD就可以進行的「音樂紓壓」和「聲音療癒」。不需到醫療機構求助音樂治療師、也不需要去上身心靈成長課程，就可以為自己安排一套精采的音樂紓壓療癒DIY處方。

先以簡單的比方來說明，如果以肢體運動來譬喻，音樂紓壓好比是打籃球、慢跑、游泳或中東肚皮舞等等一般的健身活動，每個人都可以根據個人的興趣喜好享受這些活動。無論是烈日下揮汗如雨的籃球的大男孩；或是趕在上班前獨自慢跑的中年人；或是下班褪去制服、穿上華麗舞裙盡情搖擺的肚皮舞女孩，每個人都可以他所喜愛的肢體活動中，感到身心舒暢愉快。

音樂放鬆紓壓也是一樣，幾乎每個人都可以享受音樂，這是音樂神奇的普遍性。每個人都可以陶醉在自己喜愛的音樂當中。

音樂治療好比是運動傷害的復健，如果慢跑時不慎扭傷了，就要找進醫院進行治療按摩復健，康復以後，就可以停止復健，再回到公園繼續做喜歡的慢跑運動。「音樂治療」這個工作，就由音樂治療師根據個案狀況來評估治療活動，療程可能是三天，也可能是好幾年。

而音聲療癒就好比是打太極拳或瑜珈，同樣是肢體的運動，我們在太極拳或瑜珈之中，得到的是身心的合諧以及高度的內在寧靜。大多數的身心靈課程，都需要藉助音樂，這種類型的音樂能夠立刻將我們帶往一個深沉內省的內在空間。

音樂是一種波動，波動就是能

量。音樂的能量，正漸漸由休閒娛樂和藝術欣賞的範疇，向更深層的身心靈整合療癒的領域邁進。

聽・聆聽

列出音樂紓壓音樂清單前，要先學習「聽」音樂。

聽音樂很簡單嗎？我在國家音樂廳的一個專案工作期間，發現一個很有趣的現象，許多人是用腦去聽，不是用心去聽，差別是什麼呢？腦神經醫師薩克斯（Oliver Sacks）在《腦袋中裝了2000齣歌劇的人》書中寫道：

有人用腦袋分析，有人用心去感受……大多數的人也許音樂認知能力不足，聽不出來是哪個音、哪個調，仍然覺得聽得不亦樂乎、渾然忘我，甚至會跟著哼唱，有時唱得荒腔走調，讓人聽了起一身雞皮疙瘩，這種人可說是「音癡」，但對音樂還是有熱情的反應。另一些人則恰恰相反，他們聽力極佳，音樂準確，對音樂形式的差別知之甚詳，聽了之後卻無動於衷……

差別在於，許多人不是在聽音樂、不是在感受音樂；和許多音響玩家一樣，他們是在展現理性的分析批判能力，這種批判能力，被定義為「音樂鑑賞能力」，是一種品味的象徵。

於是在專家和大師充斥的年代，當聽音樂變成高尚品味之一、變成在華麗殿堂的優雅休閒行為，我遇到很多人聊起音樂時，露出不安的微笑，張大眼睛誇張的強調：「我不懂音樂！」「我對音樂沒感覺！」「我聽不懂！」而我總是不解的回答：我也不懂音樂，那你覺得喜歡嗎？你的感受是什麼？

你的感覺是什麼，聽了音樂你有什麼感受，是你能不能被音樂感動的重點。另一位熱愛音樂的英國精神醫學權威Anthony Storr博士，用專業的角度告訴大家，「喜歡音樂」與「音樂才華」，是不同的兩件事，分屬不同腦，精湛的演奏技巧、對音樂的理解批評是左腦發達，對音樂的感情反應在右腦。

一位具有音樂天份的小男孩，站在大片麥田中聆聽大自然，風在

空中呼嘯，風在麥桿上迴旋，在全心的聆聽中，這些聲音譜成一首美妙的天籟之音。

這是電影《把愛找回來》（August Rush）中一幕動人的場景。小男孩說：聽！你只要聽，音樂就在你的四週。

所以，感受音樂能量的第一個練習功課，就是放心、靜心的，聆聽你自己的感受。接納自己的感受，我們可以開擴聆聽的視野。

常有人說，我是音樂冷感症，就是對音樂沒感受，所以音樂對你無效，別擔心，有太多研究顯示，優美的音樂能對大腦和自律神經產生安定心神、活絡血液循環，也可以影響意識和潛意識，改變心理狀態，輕鬆達到消除壓力，增進學習力，甚至減輕慢性病痛等效果。

但如果你對音樂有更一層的感受，音樂對你的心靈幫助更大。反而是一些帶著理性批評的大腦來聽音樂的人，可能效果會打折。分析精神醫學Anthony Storr博士，強調「在我們腦中，音樂的情感效應與音樂的結構理解分屬於不同的部分，當一個人完全沉浸於音樂中時，記錄其血壓、吸呼、脈博及其他由自主神經系統所控制的功能都顯示，與生理激化狀態相關的各項紀錄都會產生顯著變化，但他所採取的態度若是分析的、批評的，這些變化就不明顯。所以沒有學過演奏樂器的人、不懂樂理的人，千萬不要在音樂面前矮了半截，音樂並不是只屬於演奏家、作曲家和評論家。有一大片音樂感受的領域，透過聆聽和感受，那麼這首音樂就是屬於你的。

現在，放掉你的擔心和理性，帶著你的感受一起來享受音樂紓壓的美好吧！

音樂紓壓DIY處方

我們長期面對壓力時的身心反應，心理諮商師大致歸納為幾種；

懶洋洋的不想上班不想上學，什麼事都提不起勁來。

在生活和工作中為了保護自我久而久之變得冷漠，對人的關心熱情不再。總是有點沮喪落寞的感覺，不知為何情緒常常很low。

怕孤單，但跟朋友在一起也不⋯⋯ 行長的朋友，每天早上用設定播放
⋯⋯ CD代替鬧鐘，面對新的
⋯⋯ 滿油的感覺。

⋯⋯們不會跳舞，隨著音樂
⋯⋯容易抓到鼓點，便跟著
⋯⋯體，腳上也打起拍子，
⋯⋯跟著哼著起來，整個心
⋯⋯來！

⋯⋯法2——注入正能量

⋯⋯樂大多節奏輕柔、旋律
⋯⋯歌詞或者只有吟唱。常
⋯⋯靈音樂。什麼是心靈音
⋯⋯樂就是能幫助自己梳理

⋯⋯生活起起伏伏，情緒也
⋯⋯天氣，也許早晨的陽光讓
⋯⋯門，不一會兒就因錯過
⋯⋯試、汽車被拖吊會議遲
⋯⋯活中小小的事，可能就
⋯⋯w。如果是家人生病，感
⋯⋯生活重大的改變，可能讓
⋯⋯是沉甸甸的。

⋯⋯要每天清理的，像每天
⋯⋯理體內垃圾一樣重要。

舞。一位在醫療教育基金會擔任執 ⋯⋯ 這類音樂讓人有被關注和理解、感

受到溫暖與愛，回到家可以打開音響就讓音樂流動，讓心緒慢慢的調理一番。有位朋友聽音樂後的感受是，像是在一片很寧靜的沙灘，他獨自一個人走著，但並不感到孤獨和害怕。不感到孤獨和害怕的感覺很重要，如果一首音樂情緒起伏太強烈，或者歌詞過度渲染，它讓你的心更沉甸。

如果有一段安靜的時間，建議練習用「愛與感恩」的心情來聆聽，美國商數能協會的研究，當人們感受到正面的情緒——如感激、摯愛、同情和關心——能使自律神經和諧的同步運作，而增加免疫力，幫助荷爾蒙平衡，對健康大有幫助。這段時間要多久呢？只要五分鐘，美國商數能協會研究，在感覺五分鐘的愛與感恩的正能量後，受測者的免疫蛋白數上升百分之四十一，一個小時之後才恢復正常。

音樂紓壓法3——走進大自然

這類音樂把大自然的聲音元素帶進來，蟲鳴、鳥叫、蛙鳴；流水聲、雷聲、風聲、雨聲、海浪聲，營造彷彿身歷其境的感覺。我們聽音樂時，不需要刻意冥想，腦中經常自然就有畫面出現，這些自然的聲音，所產生的帶走效應，立刻醞釀出大自然的氛圍。

在大自然音樂中我們非常適合做簡單的音樂放鬆，練習溫柔的對待自己，我們常常將注意力放在與別人的互動，而忘了與自己互動，在大自然音樂中我們為自己做一下減壓SPA。

選個舒服的位置，閉上眼睛，讓音樂自然的帶我們來到一個心所嚮往的勝地，有人想到躺在兒時校園操場的綠地上、有人走在林間散步、有人在湖邊靜靜的坐著……，在安全的環境中，由頭到腳或者由腳到頭，慢慢的一段一段的放鬆，一段一段的放鬆。全部放鬆後，讓自己寧靜享受片刻。時間約需十至十五分鐘，音樂的選擇要輕柔舒緩，事先要聽一遍確定中間沒有突然的旋律起伏。

我們並不是每次聽同一首音樂，都會產生同一種感覺，經常是

今天聽的和以前的聽的感受不同。音樂放鬆並不是深層的冥想，所以如果在音樂放鬆過程中，有任何的不舒服，只要立即張開眼睛，你就回到舒服的座位上。

音樂紓壓法4──
身心寧靜的片刻

這類型的音樂常被用來搭配瑜珈、太極、氣功或靜坐冥想。音樂的旋律在這裡已不是主角，音樂用來形塑某種空間的氛圍，感覺是超脫現實生活步調的，像是在一座山上走著走著，卻發現了一片不為人知的神秘殿堂，或雪山中的香格里拉。節奏在個神秘殿堂中，似乎也悄然止息，整個音樂像山嵐般任意的、淡淡的飄動。這裡的肢體的運動，是深沉自我覺察的動中禪，和前面由鮮明節奏所引導的肢體運動截然不同。

我們可以練習在這樣的音樂中，只是讓自己寧靜。你可能發現呼吸變慢了，變深了，我們自動在調整呼吸。呼吸可以增加含氧量，彰化秀傳醫院的陳明豐醫師常鼓勵癌友深吸呼，他說深呼吸就可以殺死不少癌細胞。

如果可以，讓身體非常緩慢的旋轉，就雲門舞者在跳水月一樣，輕輕的舉手，慢慢的伸展，沒有設定的動作，無為而為，有「氣」無「力」。時間大約十分，動作停止之後，讓自己再安靜五分鐘，你會發現一種全然的釋放紓壓。

音樂紓壓法5──好好睡一覺

都市的繁囂，在此時都可以放下了，音樂的選擇上就像在做SPA時會使用的音樂，非常輕柔非常舒緩，複雜的旋律、多變節奏和音樂家的炫技，此時也都不需要。柔和的音樂像一團流動的空氣，漸漸的放慢我們的呼吸和心跳，研究也證實好音樂在此時會誘發腦中的Alpha波，在身心放鬆的狀態中進入夢鄉。

大家都知道睡眠很重要，面對這件重要的事，已有人倡導把入睡儀式化，可以更有幫助。首先是環境，和睡眠無關的東西都移出房間，佈置好一個好的睡眠的環境，

在燈光美氣氛佳的環境中，播放柔和的音樂營造出沉沉睡意的氛圍。睡前一小時，就該關上電視、電腦，手機關機，然後舒舒服服的躺在床上聽音樂看書。

我們一生當中大約有三分之一的時間用於睡眠，休息是為了生活的需要。成年人睡眠不足，不僅影響其體力恢復，更不利於心理健康，可能加速腦的衰老。所以為自己挑一張幫助睡眠的音樂吧！

（文/ 梁庭）

音樂紓壓療癒系CD

音樂療法發展已到相當程度，音樂和聲音，進一步被分成二個專業領域。音樂是一組有結構的旋律，但療癒性的聲音和音樂性沒有直接關係，它可能只是一組頻率、或頌缽、水晶缽、音叉發出的聲音，最獨特的是人聲發出的簡單聲音。

由於和音樂治療的專業不同，從事聲音療癒長達二十五年強納森・高曼（Jonathan Goldman）在1912年集合了醫生、科學家、治療師和音樂家成立了「聲音治療師協會」，此外各國還有許多不同的組織，進行聲音療癒的研究，這些組織也開設許多學習工作坊。性質類似我們熟知的成長工作坊。

雖然聲音療癒訴求的是身心靈的和諧，但另一端則依科學的概念，藉由種種的先進儀器進行研究。「音樂治療」大多運用在主流的醫療體系，相較下具有一定的規範，與「聲音療癒」的領域呈現的稍有不同。

他在《聲音療法的七大秘密》中寫道：

因為在這個領域工作了很長的時間，我曾看到各種不同宣稱是「治療音樂」的作品。相反的，我看過許多不同類型的音樂，被抨擊說不是治療音樂。這毫無意義。任何類型的音樂，依照時間、地點和個人的需求而定，都可以是具治療性的。

無論任何音樂療癒的方法，主體是「人」任何方法都是輔助，所以請記住自己是主角。在音樂治療領域，只會出現拿到公認協會協發證照的「音樂治療師」他們對自己角色的認知如同語言治療師一般；而在涉及療癒的領域，我們可能會遇到無數的master或心靈導師，在聲音治療領域也一樣。我很欣賞強納森高曼給大家的中肯睿智的建議，適合他人的未必適合你，要明白我們都是具有獨特生命的頻率。當他大力讚揚聲音療癒時，也慎重提醒，沒有神奇的頻率！

試著與一使你不舒服的頻率共鳴，並沒有意義，往往是那些相信神奇頻率的治療師，才能產生不舒服的結果，……很重要的是要明白神奇頻率的謬誤，藉由了解我們自身頻率共鳴的獨特性，我們對聲音針對治療與轉化的真正力量就能保持覺知，避免來自錯誤的訊息以及誇大的說法所形成的陷阱。

這裡分享的，依然是針對一般的亞健康人口，不採取接收外來頻率治療的方法，而是積極主動的運用自己的聲音，這是諸多聲音治療師，音樂治療師共同推薦的方法，它是屬於你我每一個人的真正的DIY—do it yourself。（文/梁庭）

音樂心靈推廣協會

音樂能幫助我們盡情釋放內在的情緒壓力，重新覺知到生命的感動與幸福。「音樂心靈推廣協會」91年成立以來，積極在各級學校、企業、扶輪社等推廣音樂紓壓課程，幫助人們在音樂中釋放壓力，喚醒療癒力，享受幸福健康的生活，每年舉辦百餘場講座及工作坊，93年獲教育部頒發「推展社會教育有功團體」。

音樂心靈推廣協會執行長簡介：
梁庭
台北藝術大學藝術行政與管理碩士，風潮「音樂紓壓研究」計劃主持人。

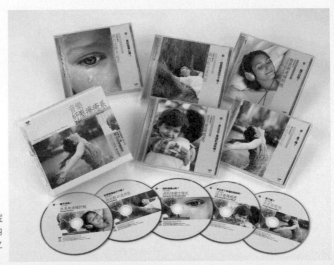

台灣第一套經工研院實證研究，十分鐘內提昇Alpha波百分之二十一的治療唱片。

課程名稱	授課老師	開課時間	費用	
愛在覺知工作坊—— 向直覺敞開一日工作坊	Leela	另行通知	4,000元	
Deeksha祈福活動	合一心靈中心 師資群	每個月第一週的 星期五	500元	
Deeksha及相關工作坊	合一心靈中心 師資群	不定期開課	2,000～ 10,000元	
彩光針灸傳導體傳播—— 開啟頂輪智慧之鑰	Leela	另行通知	26,400元	
金色喜悅之光與丹田火球	我悟如是	不定期開課	6,000元	
愛・光語符碼（上、下階）	黃秀惠 Sonia	八月中旬開課	7,000元	
默基瑟德教導	朱力行	另行通知	21,000元	
歐林工作坊	Lucia	不定期開課	4,500元	
海寧格家族排列系統	周鼎文老師	另行通知	來電高談洽詢 02-2740-3939	
美麗的祝福包（Despacho）	Leela	另行通知	3,000元	
巴哈花精趣味工作坊—— 吃花精玩花精，就是要你快樂！	Leela	另行通知	4,000元	
能量擴大療癒法	Sally	不定期開課	7,000元	
釋放親密關係障礙—— 發現自己的真愛密碼	愛希絲 Isis Wu	另行通知	12,800元	
瑜珈樂舞	卓瑪・措莫 Dolma Tsomo	另行通知	另行通知	

上課地點	報名	備註
另行通知	高談部落格 TEL：02-27403939	週末 10：00~17：00
合一心靈中心 （北縣新店市寶橋路27號6樓）	合一心靈中心 02-8913-5131	
合一心靈中心 （北縣新店市寶橋路27號6樓）	合一心靈中心 02-8913-5131	
另行通知	高談部落格 TEL：02-27403939	共12次，每週一 或二次，每次90 分鐘
1.台北天使花園 2.台中心田靈氣教室	我悟如是部落格 http://tw.myblog.yahoo. com/3396815-3396815/	2日課程
文化大學推廣部 （台北市建國南路二段231號）	文大推廣部身心靈中心專線： 02-27005858＃1	
神聖恩典心靈空間 （台北市民生東路二段168號四樓）	高談部落格 TEL：02-27403939	
文化大學推廣部 （台北市建國南路二段231號）	文大推廣部身心靈中心專線： 02-27005858＃1	
台灣海寧格機構 （台北市南京東路四段186號7樓之2）	台灣海寧格機構 Tel：02-2578-3442	
另行通知	高談部落格 TEL：02-27403939	上課時間： 2小時
另行通知	高談部落格 TEL：02-27403939	每周1次，每次3 小時，共4堂課
文化大學推廣部 （台北市建國南路二段231號）	文大推廣部身心靈中心專線： 02-27005858＃1	
另行通知	1.Isis部落格留言，請留下中文姓名 與聯絡電話即可 2.簡訊留言 0986-066099 3.isis-temple@hotmail.com	
另行通知	高談部落格 TEL：02-27403939	

姓　　名		年齡	
聯絡電話			
電子信箱			
地　　址			
教育程度	□碩士以上　□大專　□高中　□國中		
課程名稱	□愛在覺知工作坊	□彩光針灸傳導體傳播	
	□巴哈花精趣味工作坊	□美麗的祝福包	
	□瑜珈樂舞		

請傳真報名表至「高談文化」

FAX：（02）2777-1413

將依報名人數先後，通知上課時間及地點，
敬請耐心等候。

姓　　名			年齡	
聯絡電話				
電子信箱				
地　　址				
心靈療癒魔法套裝CD組（共12張）	幸福靈氣		遇見寧靜	
	奧秘真言的祝福		寂靜中的幸福	
	神聖舞蹈		星球療癒	
	曼陀羅靈性音樂		蘇菲靈性音樂	
	喜悅之光		櫻花雨	
	薩滿靈性音樂		花精音樂	
讀者優惠	4530元			

請將訂購單傳真至「高談文化」FAX：（02）2777-1413
□匯款帳號：第一銀行 延吉分行 152-10-170285 戶名：佳赫文化行銷有限公司
（匯款後請將收據回傳至02-2777-1413）
□劃撥帳號：50040687 信實文化行銷有限公司
（劃撥後請將收據回傳至02-2777-1413）
□信用卡刷卡　發卡銀行：

信用卡別：□VISA □MASTER □JCB □U Card	
信用卡號：	信用卡簽名欄末三碼：
身份證字號：	
簽名： 〈與卡片簽名一致〉	

*持卡人同意依照信用卡使用約定，一經使用或訂購物品，均應按所示之全部金額，付款予發卡銀行